为人三会

——会说话 会办事 会做人

方士华 编著

民主与建设出版社
·北京·

© 民主与建设出版社，2019

图书在版编目(CIP)数据

为人三会：会说话　会办事　会做人 / 方士华编著
. -- 北京：民主与建设出版社, 2019.7
ISBN 978-7-5139-2509-9

Ⅰ.①为… Ⅱ.①方… Ⅲ.①人际关系—通俗读物
Ⅳ.①C912.11-49

中国版本图书馆CIP数据核字(2019)第098583号

为人三会

WEI REN SAN HUI

出 版 人	李声笑
编 著	方士华
责任编辑	刘树民
封面设计	三石工作室
出版发行	民主与建设出版社有限责任公司
电 话	（010）59417747 59419778
社 址	北京市海淀区西三环中路10号望海楼E座7层
邮 编	100142
印 刷	三河市天润建兴印务有限公司
版 次	2019年7月第1版
印 次	2019年7月第1次印刷
开 本	690毫米×960毫米　1/16
印 张	12
字 数	176千字
书 号	ISBN 978-7-5139-2509-9
定 价	59.80元

注：如有印、装质量问题，请与出版社联系。

目 录

第一章 会说话

第一节 说话的深奥艺术 / 002

说话是一门语言艺术 / 002

说话技巧是立身之本 / 004

说话一定要合乎逻辑 / 005

说话是交际的艺术 / 007

职场生存要借助口才 / 009

会说话才能推销自己 / 013

引人同意的说话艺术 / 016

说话技巧影响事业成败 / 020

第二节 说话的基本技巧 / 025

说话时要尊重他人 / 025

注重自我表达能力 / 028

说话要学会就地取材 / 031

说话时切忌重复啰唆 / 032

说话要学会吊人胃口 / 034

交谈时要善于倾听 / 036

多使用简洁精练的语言 / 041

说话时多用幽默语言 / 042

第三节 会说话造就好人生 / 045

  谈话前要先了解对方 / 045

  说话时要注意对方的自尊 / 051

  选择正确的说话时机 / 055

  尽快传出你手中的球 / 059

  好话人人喜欢听 / 061

  说话要明白对方所需 / 064

  说话要尽量避免争论 / 068

  会说话赢得人生财富 / 076

  会说话促进事业成功 / 080

第二章 会办事

第一节 逆境中办事法则 / 084

  坚强来自强大的内心 / 084

  在逆境中把握机遇 / 085

  做大事坚忍第一 / 086

  退缩只能招致失败 / 089

  信念可以改变人生 / 090

  积极改变负面心态 / 092

  让压力变为前进动力 / 094

  哪里跌倒哪里爬起 / 096

  能屈能伸矢志前行 / 098

第二节 顺境中办事规则 / 100

  与人为善传播快乐心境 / 100

  忘记仇怨筑路在人心中 / 101

  豁达开朗享受自由人生 / 104

  平和处世才能事事顺心 / 106

　　　　内方外圆处世圆融无碍 / 110
　　　　批评人一定要讲方法 / 112
　　　　尽量减少不必要的争吵 / 115
　　　　胸襟宽广才能赢得友谊 / 116
　　　　辩证处世灵活处理问题 / 119
　　第三节　诚信办事的智慧 / 121
　　　　人类相互依赖而存在 / 121
　　　　信用是办事的基本规范 / 122
　　　　诚信是获取信任的基石 / 124
　　　　把真诚放进我们的话语 / 126
　　　　信守承诺才能确立威信 / 127
　　　　用诚信架起友谊的桥梁 / 129
　　　　把自己的诚意展示出来 / 132

第三章　会做人

　　第一节　老实做人的智慧 / 136
　　　　巧诈处世不如拙诚做人 / 136
　　　　不要让怒气冲昏头脑 / 137
　　　　小事不妨糊涂一下 / 140
　　　　有些人离得越远越好 / 142
　　　　情感是沟通的桥梁 / 143
　　　　学会多听不同的声音 / 146
　　　　礼贤下士才能得到人才 / 148
　　　　没有人不喜欢被赞美 / 150
　　第二节　包容退让的智慧 / 153
　　　　做一个能包容他人的人 / 153
　　　　学会原谅你的"敌人" / 155

宽容的人会更快乐 / 157

与人方便才能自己方便 / 159

退一步海阔天空 / 161

忍让是免灾去祸的良方 / 163

谦让是化解矛盾的好方法 / 165

危机面前学会主动和解 / 167

第三节　笑对人生的智慧 / 170

要相信没有过不去的坎 / 170

危机之前学会缓一缓 / 172

打圆场的技巧原则 / 173

面对两难不妨糊涂一下 / 175

以德报怨化解人际危机 / 176

巧妙迂回解脱眼前困境 / 177

沉着冷静才能转危为安 / 179

巧妙消除他人的嫉妒心 / 181

微笑能够让人生圆满 / 184

第一章
会说话

说话或许人人都会,但要会说话却很难,不是任何人都能把话说好,也不是谁说的话别人都爱听。事实上,古往今来,不通说话之道者,一般都难成就大事,而能成事者,一定在语言方面具有其独特的能力。

第一节　说话的深奥艺术

说话是一门语言艺术

说话是人际沟通的主要手段。利用言语交流信息时,只要参与交流的各方对情境的理解高度一致,所交流的意义就损失得最少。特别是言语沟通伴随着合适的副言语和其他非言语手段时更能完美地传达信息。

人们说话的音调、强度、速度、停顿、升调、降调的位置等都有一定的意义,它们成为人们理解言语表达内容的线索。这些伴随言语的线索称为副言语。

同一句话加上不同的副言语,就可能有不同的含义。例如"你想到美国去"这句话,如果用一种平缓的声音说,可能只是陈述一种事实;如果加重"美国"这个词,则表示说者认为去美国不明智;如果加重"你"这个词,就可能表达对那个人是否能独走他乡的怀疑了。

研究副言语存在的一个困难,就是这些线索一般没有固定的意义。人们都清楚"美国"意味着什么,"想去"意味着什么,但是对于伴随他们的副言语的意义,人们的理解可能不一致。

对某些人来说,停顿可能意味着强调。对另一些人来说,或许意味着不肯定。研究表明,嗓门高可能意味着兴奋,也可能意味着说谎。副言语的特定意义依赖于交谈情境以及个人的习惯和特性。

社会心理学家研究言语沟通的重点,放在说者和听者是怎样合作,以及对信息的理解是怎样依赖于沟通情境和社会背景的。言语沟通要遵循一定的规则,这些规则通常是不成文的共同的默契。

谈话规则在不同社会、不同文化、不同团体和不同职业之间有所差别,但也有一些普遍性的规则。例如：一方讲话时对方应注意倾听；不要轻易打断对方的谈话；一个时间只能有一个人讲话，另一个人想讲话，必须等别人把话讲完；要注意用词文雅，等等。

在实际的言语沟通中，根据内容和情境的需要，谈话的双方还必须有一些特殊的交谈规则。例如，一个计算机专家给一个外行人介绍计算机知识时，要少用专业术语，而多用通俗性的语言，多打些比喻。至于谁先讲，什么时间讲，讲多长时间，怎么讲等，都要与沟通的各方进行协调。

交谈中还有一种更重要的协调，即说者的意思和听者所理解的意思之间的协调。如果说者所使用的某个词有好几种意义，而在这里指某一个意义，那么听者只能在这个特定的意义上去理解，否则沟通就会遇到困难。

社会心理学家在研究人际沟通时，尤其看重语言所表达的意义的分析。语义依赖于文化背景和人的知识结构，不同文化背景的人所使用的词句的意义可能有所不同。即使在同一文化背景下，词句的意义也可能有差别。哲学家对"人"的理解和生理学家对"人"的理解往往有差异。

为了区分词义上的差别，心理学家把词义划分为基本意义和隐含意义两种。例如"戏子"和"演员"，这两个词都是指从事表演活动的人，但两者的隐含意义不同，戏子含有贬义，而演员则含有褒义。词的隐含意义，主要是情绪性含义，在人际言语沟通中起着重要的作用，使用不当会破坏沟通的正常进行。

语义的理解还依赖于言语中的前后关系和交谈情境。研究表明，要理解脱离前后文孤立的词是很困难的。人们容易听清一个成语却不太能听清一个孤立的词。语义和情境的关系更为密切，"戏子"这个词如果在朋友间打趣时用，可能含有褒义。

自古至今，语言充满着独特的魅力和无穷的力量。它作为人际交流必不可少的工具，在人类历史的长河中一直发挥着不可替代的作用。说话是一门艺术。还有很多方面需要我们慢慢斟酌，慢慢学懂。学会游刃有余地说话，才能处理好各种人际关系，为人生增添些许惬意。

说话技巧是立身之本

会说话是一个人的立身之本，20世纪著名励志专家卡耐基先生曾说："假如你有好的口才……就可以结交好的朋友，可以使人家喜欢你，使你获得满意的结果，可以开辟前程；假如你是一名教师，你的口才就可以增加学生学习的热情；假如你是一个店主，你的口才就能帮助你吸引顾客；假如你是一个律师，你的口才便能吸引一切诉讼的当事人。"

这话一点也没有错。这个世界上每天都会有许多人因为巧舌如簧而擢升了职位，获得了名利；也有许多人因为口吐莲花、妙语连珠而赢得了他人的喜爱，赢得了社会地位；当然，也有许多人因为口笨舌拙、词不达意而四处碰壁，心灰意懒。我们的一生，有太多的成败直接囿于口才的好坏，那么，还犹豫什么呢？振奋起来，做一个会说话的人。

国外曾有一家旅馆老板测试三名男性应试者，问："假如你无意中推开房门，看见女房客正在淋浴，而她也看见你了，这时，你该怎么办？"

甲答："说声'对不起'，然后关门退出。"这个对答无称呼，虽简洁，但不符合侍者的职业要求，而且也没使双方摆脱窘境。

乙答："说声'对不起，小姐'，然后关门退出。"这个称呼准确，但不合适，反而加深了旅客的窘迫感。

丙答："说声'对不起，先生'，然后关门退出。"

结果，丙被录用了。为什么呢？因为他这种故意误会的说法，维护了旅客的体面，非常得体、机智，表现出一个侍者应该具有的职业素质和应变能力。

这就是口才的艺术。它能改变场景的尴尬，能改变一个人的际遇，甚至一生。在第二次世界大战时期，美国人曾经把"舌头"、原子弹和金钱称为不可战胜的三大战略武器，进入21世纪又把"舌头"、金钱和电脑视为经济发展和社会进步的三大战略武器。那么，口才真的能有如此大的力量吗？

1984年9月，苏联外长葛罗米柯访问白宫时，曾开玩笑似的对第一夫人南茜说："请贵夫人每天晚上都对里根总统说句悄悄话——和平。"言外之意是里根总统头脑不够冷静,往往做出有损于世界和平的事。对此,南茜回敬说:"我一定那样做,同样的,希望你的身边也能常常吹出这样的'枕边风'。"葛罗米柯听后,心领神会地讪讪一笑。

人人各有立场,如果葛罗米柯与南茜夫人都冲动地、直截了当地阐明自己的立场,恐怕两国的交往就不那么平静了。因此他们都选择了将尖锐的批评用委婉含蓄的语言包藏起来,抛向对方,不显山不露水地进行此番较量。这就是语言的力量,含蓄之中藏着三寸钢针。它能改变邦国之间的敌对气氛,甚至能避免战争。

我国古人云:"一言能兴邦,一言能丧国""一人之辩重于九鼎之宝,三寸之舌强于百万之师",就充分证实了口才的力量。在不同的场合,口才发挥着不同的作用,我们应练就良好的口才,观色而语,妙语连珠,做到"在官言官,在府言府,在库言库,在朝言朝"。也只有如此,才能在鱼龙混杂、尔虞我诈的社会中立身安本,脱颖而出!

说话一定要合乎逻辑

有了丰富实在的思想内容,只是具备了动听口才的基础条件。这些思想内容还要经过合乎逻辑的整理,才能靠口头传达出来。

与人交流,沟通思想,其实就是把心里的感觉、内在的意识整理传达给别人的过程,也是一个动脑思考、进行抽象思维的过程。因此,一个人的抽象思维能力如何,将很大程度上决定他说话是否准确严密,是否简洁清楚,而抽象思维能力也就是逻辑思维能力。做一个形象的比喻,如果把待讲的内容比作各种蔬菜和调味品的话,那么怎么烹调就要看厨师的手艺了,也就是说,要想会说话,合乎逻辑是关键。

什么是"合逻辑"呢?要讲清楚这个问题,我们还必须首先对逻辑这个词进行简单的说明。逻辑是一个外来词,源自希腊语。同时它又是一个多义词,至少有如下四个义项:客观事物的规律;思维的规律;研究思维形式及其规律的科学,即逻辑学;某种理论或说法。我们这里所说的逻辑,是指思维的规律。比如,我们说一个人的讲话不合逻辑,就是指他说话不合乎人们的思维规律。

思维是人的认识的理性阶段,是人的大脑对客观事物间接而概括的反应。我们都知道,人的认识分为感性认识和理性认识。感性认识是认识的初级阶段,是对客观事物的现象、部分和外部联系的反应。它的形态是感觉、知觉和表象。

而理性认识阶段是人们经过对感性材料的加工整理,产生认识的飞跃,形成概念、判断和推理,从而把握住事物的本质和规律,也就是思维的阶段。人们认识和改造世界,需要多种能力,而其中最重要的就是思维能力。

可以这么说,思维能力的高低,决定着人的其他能力,尤其是口语表达能力的高低。因为口语表达有其特殊性,要求人在极短的时间内组织好语言材料。因此,要想有良好的口才,就要注意提高自己的逻辑思维能力,培养自己良好的思维习惯。

人们的大脑构造虽然一模一样,但是思维水平、思维品质却是各有不同,思考起问题来,有的正确,有的错误;有的严密,有的粗疏;有的开阔,有的狭窄;有的敏捷,有的迟钝。思维能力强,就是思维正确、严密、开阔、丰富、敏捷而高效。

一位年轻人想进入大发明家爱迪生的实验室工作。他对爱迪生谈了自己伟大的抱负:"我想发明一种万能溶液,它可以溶解一切物品。"爱迪生立刻故作惊奇地问:"那么,你用什么器皿盛放它呢?"年轻人立刻哑口无言了。

这位年轻人的思维包含了一个无法克服的逻辑矛盾,如果不是爱迪生敏锐地揭示出来,他可能会为此白白耗费一生的宝贵时光。语言的运用离不开思维,语言的恰当运用更离不开逻辑思维。如果思维混乱不合逻辑,语言表达就不可能清楚明白;而自觉地运用逻辑,则能够促进语言的严密准确、深刻有力。这里有一个小故事:

三位科学家从伦敦驱车前往爱丁堡。透过车窗,他们看到路旁有一只黑羊,于是科学家们议论开了。天文学家说:"多有意思,苏格兰的羊是黑的。"物理学家反驳说:"你的论断不对,应该说,有些苏格兰的羊是黑的。"逻辑学家仍然感到不妥当,纠正说:"我们只能相信这一点:苏格兰的羊至少有一只并且至少它身体的一面是黑的。"

可见,说话严不严密取决于思维是否严密。要把我们的思想正确地表达出来,第一件事情是要讲逻辑。因此,在开始各种具体的研究之前,花些工夫学习点逻辑知识,可以让自己在提高说话水平的过程中获得更有力的思维武器。

鲁迅先生就是一个逻辑思维方面的天才,他的杂文,如同投枪、匕首,每一次出击都可以刺到敌人的最痛处。他非常善于抓住对手语言中的逻辑谬误,把对手驳得体无完肤。他的演讲同样也是深入浅出、周密妥帖,这些都反映出他语言逻辑造诣之高。

但是,正如鲁迅先生自己所言,"我不过是把别人喝咖啡的时间用在了工作上"。这句话当然有先生自谦的成分,但是确实也反映出他的勤奋程度。这就告诉我们,逻辑能力绝不是天生就具备的,而是自己刻苦勤奋的结果。

早在留学日本时期,鲁迅先生就钻研过逻辑学。在1907年发表的《科学史教篇》中,他就认为把演绎法和归纳法结合起来,真理才能昭然若揭。后来,除了在自己的文章和演说中使用炉火纯青的逻辑技巧语言表达,他还写了《论辩的灵魂》等十多篇杂文,可见先生对逻辑的重视与用心。

我们在这里强调的是:必须要重视逻辑训练。如果你擅长语言表达,那么逻辑知识可以令你锦上添花;如果你讲话时总是不知道从何说起,不知道怎样有条理地表达你的思想,那么你更应该从逻辑思维出发,有意识地进行自我训练。在这方面有了进步,那么你的收获绝不仅仅是拥有了出口成章的好口才,你一定会惊奇地发现,你看问题、做事情比以前少了份盲目和困惑,多了份自如和信心。

说话是交际的艺术

说话既是一门科学,更是一门艺术。在经济发展的现代,沟通的重要性正日益显现。在一个群体中,要使每一群体成员能够在一个共同的目标下,协调一致地努力工作,就绝对离不开说话。

在每个群体中,它的成员要表示愿望、提出意见、交流思想;群体的领导者了解下情、获得理解、发布命令,这些都需要借助说话完成。

每个人生活在一个群体之中,而人际关系就成了你与社会交往的一根纽带。在现代社会中,不善于说话,便会失去许多合作的机会;而没有合作,单靠一个人或少部分人的努力,是不会成功的。

在说话时,人们不仅传递消息,而且还表达愉快之情,或提出自己的意见和观点。雄辩滔滔、口若悬河并不是沟通技巧的全部。除此之外,说话还有广阔的领域。人们经常使用非言语方式,如面部表情、语音语调等,来强化说话的效果。

作为社会的一员,一生可能会与各种人打交道,这就需要掌握说话的艺术。在与人交谈时,要容忍别人的不同观点或意见。由于各人生活经验不同,学识各异,不管别人的观点或意见多么荒谬,自己要先听,并试着去容忍和接受。

说话时语义要明确,表达要清楚。无论自己的意见如何精彩,若想让别人领会,第一要求对方要"听",第二就与自己的语义表达有关了。

说话既是技术,也是艺术。当两人吵嘴后让第三人评理时,我们常听到吵嘴者"我刚才不是这个意思""当时你如果这么说我就不生气"等推托之词。所以,很多时候在双方沟通中由于语义不明,就难免会引起争吵。

在与别人讲话时要给予得体的反应。在人与人语言沟通时,要懂得用口语和肢体动作做出合适的反应,来引导对方更多的陈述。出现争端,不要使用讽刺或辱骂的话语。

交谈要在彼此尊重的情况下才能进行,如果互相存在排斥、拒绝的心理,那就不可能沟通了。在出现争端时,切忌在口头或肢体语言上表现出侮辱、讽刺、蔑视的态度。沟通中的双方不管是谁的颜面受到伤害,都会影响沟通的效果。

当自己的意见与对方出现冲突时,难免要发生争执。要切记,争论时要论事而不论人。彼此争论时，要针对此时此地的事做讨论，既不要重翻旧账，也不要把事情扩大化。

如果你是领导，与别人讲话时最好伴有实际行动。想劝人改变其态度或做法，不要先给予批评指责，而应理解对方的感受，给予恰当的帮助和指导，最好伴有实际行动。

我们常在工作中听到"批评了老半天，到底有什么具体的意见可提出来""光是批评、指责，说不定自己也不懂"等抱怨。就是说，提意见的人没有做出榜样，没有相应的操作。

如果你说话时不伴有实际的行动，就会使自己发表的意见不被接受，反而有时还会被误解，造成敌意，起不到沟通的效果。

善于说话的人，总是尽量把长处呈现在人们的面前，如伶俐的口才，渊博的知识，温文尔雅的举止，甚至巧妙的妆容，都能成为追求成功的利器。

职场生存要借助口才

口才是职场生存与发达的资本，一个人职场生涯的成功与否，与自身的口才有着直接的关系。如果你拥有良好的口才，那么你就会很容易地为自己赢得比别人更多的发展机会，甚至会使自己的人生与事业光彩照人。

练就出一副口吐莲花的好口才，就可让你在职场中左右逢源、游刃有余、一帆风顺，甚至步步高升。在职场中打拼的每个人都想获得成功，谁都不甘于碌碌无为地度过自己的人生，好口才就是职场成功的利器与法宝。

从表面上看，说话很简单，张嘴言谈，人人都会。但是，要把话讲好，却很不容易，它是一门高深的学问。一个人要在复杂的职场中正确对待各种人和事，必然要学会说话。

会说话，就会让上下左右都对你满意并刮目相看。反之，则必然会处处碰壁，一事无成。许多时候，有些人吃了亏就是源于不会说话，不能管理好自己的嘴巴。

王利在某国家机关做办公室文员，她性格内向，不怎么爱说话。可每当别人就某件事情征求她的意见时,她每次说出来的话总是刺人,而且她的话中总是在揭别人的短。

有一次,同一部门的同事穿了件新衣服,别人都称赞"漂亮""合适"之类的话,可是,当那位同事询问王利感觉如何时,王利直接回答说:"你身材太胖,不适合。"甚至还说:"这颜色你穿有点艳,根本与你不相配。"

此话一出口,便搞得当事人很生气,而且周围大赞衣服如何好的人也感到十分尴尬。因为王利说的话有一部分是事实,比如说该同事就是比较臃肿。

虽然有时王利会为自己说出的话不招人喜欢而后悔,可很多时候,她照样说些让人难以接受的话。长此以来,同事们就把她排除在集体之外,有了事也极少去征求她的意见。如今,王利自然明白大家不搭理她的原因。

由于职场人际关系的复杂性与岗位工作的特殊性,使得很多职场人在许多情况下,要想把话说好是极为困难的,比如批评上司、向同事提意见、点破别人谎言等,如果表述不当,方法不妥,极容易引发矛盾,甚至造成更为严重的后果。

张慧现在一家计算机公司做高级程序员,她之所以离开以前的公司,主要是因为她在同事跟前抱怨老板的话传到了老板的耳朵里,老板处处排挤她,逼得她不得不辞职走人。事情是这样的。一次,老板交给张慧一个难度很大的任务,并跟她事先声明:"这件事难度大,你敢不敢承担,敢不敢接受挑战?"

尽管张慧明白自己的实力,但她觉得在公司众人中,老板主动找自己征求意见,说明老板器重自己,于是她一咬牙就接受了。由于老板给的期限较短,张慧没有按时完成任务,结果可想而知,张慧因此事遭到了老板批评,并受到了经济处罚。

"老板真过分,这么短的时间里,让我干那么难的活儿,我说做不了,可他非让我做,没做完还罚我。"事后,张慧对身边同事都这么抱怨。不久,老板又给她新任务,还好,这回张慧完成得相当顺利。

正当张慧高兴时,老板又把一个难度更大的任务交给她。并说:"这里我是老板,下属只有服从,不许抱怨。我不养白吃饭的人,适应不了就走人。如果你这次再完不成任务，就要考虑是否该换一份自己力所能及的工作了。"

由上述可见，若想人生腾达，就要学会说话。若要职场顺利，必须重视口才的修炼，换一句话说，就是要学会沟通。要想说好这类话，不仅需要很高的智慧和丰富的人生经验，更需要高水平的说话技巧。

只有当我们深入分析了这种情况形成的原因，探讨应对这种场面的方法，提供在这种情况下把话说好的各种对策，掌握把话说好的技巧，就可以把同样的事用巧言来说，把难办的事用妙语作答。

职场中，赞美别人也是有学问的，只有恰当地赞美才能赢得别人的好感。比如当赞扬领导时，最好以"公众"的语气去赞美他们，同时也应把自己的赞美融入进去。某报社的张主编有一篇稿子在××报上发表了，小李不失时机地称赞："张主编，大家都在学习您的报道呢！我们都认为您报道的角度独到，大家都要向您请教呢！"张主编听了这番话后感到十分开心。

当你赞扬领导的时候要尽可能地使用中性的词语，需要记住的是：不要去用那些形容词以及副词，否则就极容易使领导者感到你言过其实，并且感到你比较虚浮，言不由衷。例如，一位领导常常自己动手写稿，秘书偶尔帮他准备稿子的时候，他也是事先把稿子的"思路"告诉秘书，供执笔人参考。

为此，秘书经常对他说："假如都像您这样当领导，我们都快失业了""别人都说写稿子是苦差事，然而，为您写稿子是美差事"。因为赞扬得非常美，非常灵妙，这位领导每次都开心地接受了。假如秘书说："您真的很有水平""别的领导跟您都没法比"，那么，这位领导就肯定会难以接受，最终也不会产生好的成果。

"说话"看似简单，但并非任何人都能把话说好且达到双赢的目的。如何能拥有好的口才，是职场中的我们都要面对的问题。也许你会认为，办公室只是工作的地方，取得成就要凭真才实学，与口才无关，这种想法是极其有害的，它可能影响到你的前途。

因为即便是简单地传达上司的指令，汇报自己的工作，与同事闲谈，也需要拥有良好的表达能力。有人说："人与人之间的矛盾并非心意不同，而是言不达意。"职场中，如果你不能准确、清晰地表达自己的意见或者不具备说服他人的能力，你就很难做好工作以及得到上司的重用。

美国一家贸易公司的经理设计出了一个商标，并开会征求各部门的建议。经理说："这个商标的主题是旭日，象征着希望以及光明。与此同时，这个旭日很像日本的国旗，假如日本看到了就一定会来购买我们的产品。"

后来，他又向部门主任征求意见。营业主任和广告主任对经理构思出的这个商标都极为满意。最后轮到代理出口部的年轻职员发表意见，他说："我不同意这个商标。"整个办公室的人都十分惊奇地看着他。

"怎么？你不喜欢这个设计？"经理非常吃惊地问他。

"这个商标我倒是很喜欢，"年轻人回答得十分直率。其实从艺术的观点来说，这位年轻人确实对这个商标很不满意，但他明白，和经理辩论审美观是起不到什么效果的。因此，他只是说了："我怕它太好了"。

经理听完他的话后，笑了起来，又说了一句："你说的这句话我很不明白，你倒是解释给大家听一听。"

"这个设计鲜明而生动，自然是没有话讲的。因为与日本的国旗相似，不管是哪个日本人都会很喜欢的。"

"是啊，这正是我的意思，我刚才已经说过了。"经理对他所说的已经有些不耐烦了。

"然而，我们在远东还有一个比较重要的市场，那就是华人社会，并且还包括中国以及东南亚国家。假如这几个国家的人们看到了这个很像日本国旗的商标，就会毫不犹豫地想起日本人的国旗。日本人尽管很喜欢这个商标，但是由于历史的原因，这些国家和地区的人们就不一定会喜欢这个商标了，甚至有的人会产生反感。这就是说，他们不愿意买我们的产品，这样一来不就是因小失大了吗？照本公司的营业计划，是要扩大对中国和东南亚国家及地区贸易的，可是用这样一个商标，结果已经很明确了。"

"天哪！这一点我怎么没有想到呢？你发表的建议非常对！"经理高兴得几乎叫了起来。

在上述例子中，那位青年说了一句"我恐怕它太好了"，先满足了经理的自尊心，这样就不会使他产生不悦的心情。然后，他又发表自己的理由，如此一来，经理也就不会因此而觉得难堪了。

综上所述，无论你是初涉职场，还是在职场上打拼多年的人，都要会说话，并真正领悟口才的真谛，使口才成为自己事业的助推器，这样就能为你的职场道路锦上添花。

会说话才能推销自己

早在两千多年前，孔子就主张推销自己。有一次，子贡曰："有美玉于斯，韫椟而藏诸？求善贾而沽诸？"子曰："沽之哉，沽之哉！我待贾者也。"子贡问话的意思是说，先生您有美德是隐藏起来呢，还是推向社会经世致用呢？

孔子接过话头，爽快答道："快卖掉吧！卖了它吧！我就是在待价而沽呢！"在隐遁避世和经世致用之间，孔子选择了后者。可见，他有一种直面人生、直面社会的积极态度，即我们讲的推销自己。

有人说，推销自己是人的一种本能。细细想来，此话不无道理。一个人要成功，就要达到自己预先设定的目标。追求目标的过程，就是向社会和他人推销自己、行销自己的过程。当然，生活中并不是每个人都懂得推销自己，而且推销自己首先要有好的沟通技巧。

有人说，生活就是一连串的推销。我们推销商品，推销一项计划，我们也推销自己，推销自己是一种才华，一种艺术。当你学会推销自己，你几乎就可以推销任何有价值的东西。

可见，推销自己对于每一个人来说是多么重要的一件事情。在生活中，我们的每次沟通，实际上就是在推销自己，无论在以下哪一种情况下进行交流，情况都是一样的：相互问候、电话交谈；与家人、朋友、同事、陌生人或客户闲聊；在会议上发言；工作面试；作为候选人参加竞选；教学；谈判。这些事情都与推销自己有关。从某种意义上说，我们一生只做一件事，那就是推销自己。

推销要有才气,特别是要有沟通的口才,"口"通达畅顺,方谓之"才"。只有让别人将自己定位为"才",方能身价百倍。

吉尼斯大件商品推销纪录创造者乔·吉拉德,曾在一年中创造了零售汽车每天四五辆的纪录。当年他去应聘汽车推销员时,经理问他:"你推销过汽车吗?"

他说:"我没有推销过汽车,但我推销过日用品、家用电器。我能成功地推销它们,说明我能成功地推销自己。我能将自己推销出去,自然也能将汽车推销出去。"

确实如此,如果一个推销员连自己都推销不出去的话,何谈推销自己的产品呢。所以,推销产品首先是推销自己。一位英国皮鞋厂的推销员曾几次拜访伦敦一家皮鞋店,并提出要拜见鞋店老板,但都遭到了对方的拒绝。

后来他又来到这家鞋店,口袋里揣着一份报纸,报纸上刊登了一则关于变更鞋业税收管理办法的消息,他认为店家可以利用这一消息节省许多费用。

于是,他大声对鞋店的一位售货员说:"请转告您的老板,就说我有路子让他发财,不但可以大大减少订货费用,而且还可以本利双收赚大钱。"销售人员向老板提赚钱发财的建议,那家老板能不心动吗?

在现今这个竞争激烈的社会中,并不是只有销售人员需要把自己推销出去,而是每个人都需要如此。说话是成功地把自己推销给理想"买主"的"润滑剂"。

如果我们与"买主"一接触就出师不利,以后要想改变这种状况,可就难了。将说话作为自我推销的必修课之一,实在是时势使然、不容回避。

在现实生活中,尽管有许多人有高学历,但由于他们不善于语言,结果连工作也不好找。在现在的大都市中,看到那些找不到工作的博士、硕士,并不足为奇。他们不是因为缺乏专业知识,而是因为缺乏推销自己的技能。

相反,也有一些人尽管连高中也没有毕业,但他们勇于推销,善于推销,结果获得了成功。

在日本有个叫原一平的人,身高只有145厘米,是个标准的"矮瓜"。但他的工作业绩却是相当惊人,曾连续15年占据日本全国寿险销售业绩之冠,被人誉为"推销之神"。

原来,原一平的身材虽然低人一等,但他的沟通技巧却高人一筹。在推销寿险产品时,他经常以独特的矮身材,配上刻意制造的表情和诙谐幽默的言辞,逗得客户哈哈大笑。他面见客户时往往是这样开始的:

"您好!我是明治保险的原一平。""噢!是明治保险公司。你们公司的推销员昨天才来过的,我最讨厌保险了,所以被我拒绝啦!""是吗?不过,我比昨天那位同事英俊潇洒吧?"原一平一脸正经地说。"什么?昨天那个仁兄啊!长得瘦瘦高高的,哈哈,比你好看多了。""可是矮个儿没坏人啊。再说,辣椒是越小越辣哟!俗话不也说'人越矮,俏姑娘越爱'吗?这句话可不是我发明的啊!""可也有人说'十个矮子九个怪'哩!矮子太狡猾。""我更愿意把它看成是一句表扬我们聪明机灵的话。因为我们的脑袋离大地近,营养充分嘛!""哈哈!你这个人真有意思。"原一平就是这样凭着出色的沟通技巧与客户坦诚面谈,在轻松愉快的气氛中,不知不觉拉近了自己与客户之间的距离,很快,一笔业务就谈成了。

一位推销大师说:"世界上没有推销不出去的产品,只有不懂得推销的人。很多时候,顾客首先接受的不是你的产品,而是你这个人!"有一本书叫《把冰卖给爱斯基摩人》,爱斯基摩人当然不需要冰,但怎样才能让他们接受呢?这就是口才的问题了。

有位演说家在讲到喝酒的害处时,不禁喊道:"我看应当把酒通通扔到海底深处去!"

听众之中有个人说:"我赞成。"

演说家更加激动:"先生,应当恭喜你,我觉得你是一位富于牺牲精神的男士。请问你从事什么工作?"

"我是深海潜水员!"众人把目光都看向了这位深海潜水员。

在演说过后,众人都跑到这位潜水员身边,询问神秘的海底是怎样的一个世界。

如果潜水员像我们平常介绍自己一样,向人们说我是哪里人、什么学位、现在从事什么工作,相信几乎没有人能记住他。而潜水员只用一句简单的话,让大家都牢牢记住了他,从众人中脱颖而出,我们不能不说他是一位成功的推销家。

运用妙语成功地推荐自己,这是博得上司信任,化被动为主动,变消极等待为积极争取,加快自我实现的不可忽视的手段。

常言道:"勇猛的老鹰,通常都把它们尖利的爪牙露在外面。"这不是启示人们去积极地表现自我吗?精明的生意人,想把自己的商品待价而沽,总得先吸引顾客的注意,让他们知道商品的价值,这便是杰出的推销术,人何尝不是如此呢?

真理往往掌握在少数人手中,这20%人与80%人的思维与说话的方法是反向的。所以说,我们要努力培养说话的技巧,它将有助于我们在众人之中脱颖而出。

引人同意的说话艺术

卡耐基指出,跟别人交谈的时候,不要以讨论异见作为开始,要以强调而且不断强调双方所同意的事情作为开始。不断强调你们都是为相同的目标而努力,唯一的差异只在于方法而非目的。要尽可能使对方在开始的时候说"是的,是的",尽可能不使他说"不"。哈里·奥弗斯特里特教授在他的《影响人类的行为》一书中说:

一个"否定"的反应,是最不容易突破的障碍。当一个人说"不"时,他所有的人格尊严,都要求他坚持到底。

也许事后他觉得自己的"不"说错了。然而,他必须考虑到宝贵的自尊!既然说出了口,他就得坚持下去。因此一开始就使对方采取肯定的态度,是最最重要的。

懂得说话的人都在一开始就得到一些"是的"反应,接着就把听众心理导入肯定方向。就好像打撞球的运动,从一个方向打击,它就偏向一方;要使它能够反弹回来的话,必须花更大的力量。

这种心理模式很明显。当一个人说"不",而本意也确实否定的话,他所表现的绝不是简单的一个字。

他身体的整个组织全部凝聚成一种抗拒的状态,通常可以看出身体产生一种收缩或准备收缩的状态。总之,或许他整个神经和肌肉系统形成了一种抗拒接受的状态。

反过来说,当一个人说"是"时,就没有这种收缩现象产生,身体组织就呈前进、接受和开放的态度。因此开始时我们愈能造成"是,是"的情况,就愈容易使对方注意到我们的终极目标。

这种"是的"反应是一种非常简单的技巧,但是被多少人忽略了!一般看来,人们若一开始采取反对的态度,似乎就能得到他们的自重感。激烈派的人跟保守派的人在一起时,必然马上使对方愤怒起来。而事实上,这又有什么好处呢?他如果只是希望得到一种快感,也许还可以原谅。但假如他要实现什么的话,他在心理方面就太愚笨了。

一名学生,或顾客,或丈夫,或太太,在一开始就说"不"的话,你需要天使的智慧和耐心,才能使这一种否定的态度转变为肯定的态度。

这种使用"是,是"的方法,使得纽约市格林尼治储蓄银行的职员詹姆斯·艾伯森挽回了一名主顾,否则就失去他了。艾伯森先生说:"那个人进来要开一个户头,我就给他一些平常表格让他填。有些问题他心甘情愿地回答了,但有些他则根本拒绝回答。"

"在我研究做人处世技巧之前,我一定会对那个人说,如果他拒绝对银行透露那些资料的话,我们就不让他开户头,我对我过去曾采取的那种方式感到羞耻。当然,像那种断然的方法,会使我觉得痛快。因为我表现出了谁是老板,也表现出了银行的规矩不容破坏。但那种态度,当然不能让一个进来开户头的人有一种受欢迎和受重视的感觉。"

"那天早上我决定采取一点实用的普通常识。我决定不谈论银行所要的,而谈论对方所要的。最重要的,我决意在一开始就使他说'是,是',因此我不反对他,我对他说,他拒绝透露的那些资料,并不是绝对必要的。"

"'是的,当然'。他回答。"

"'你难道不认为,'我继续说,'把你最亲近的亲属名字告诉我们,是一种很好的方法吗?万一你去世了,我们就能正确并不耽搁地实现你的愿望了'他又说,'是的'。"

"那位年轻人的态度软化下来,当他发现我们需要那些资料不是为了我们,而是为了他的时候,改变了态度。在离开银行之前,那位年轻人不只告诉我所有关于他自己的资料,而且还在我的建议下,开了一个信托户头,指定他母亲为受益人,而且很乐意地回答所有关于他母亲的资料。"

"我发现若一开始就让他说'是,是',他就会忘掉我们所争执的事情,而乐意去做我所建议的事。"

"在我的区域内,有一个人,我们公司极想卖东西给他。"约瑟夫·亚力森说,他是西屋公司的推销员,"我的前任,找他接洽十年了,一点结果也没有。当我接收这个区域时,我也连续找了他三年,都拿不到订单。最后,在无数次的拜访和谈话之后,我们卖了几部发动机给他。如果这些发动机不出毛病的话,我深信他会开下一张几百部发动机的订单。这是我的期望。"

"我知道这些发动机不会有毛病的。因此当我三星期之后又去见他的时候,我兴致很高。"

"但是我的兴致并没有维持很久,因为那位总工程师以这段惊人的话来招呼我:'亚力森,我不能再买你们的发动机了。'"

"'为什么?'我惊讶地问。"'因为你的发动机太热了,我的手不能放上去。'我知道跟他争辩不会有什么好处,我已经那样做太久了。因此我想起获得'是,是'的反应。"

"'听我说,史密斯先生,'我说,'我百分之百同意你。如果那些发动机太热,你就不应该再买。你的发动机热度不应该超过全国电器制造公会所立下的标准,不是吗?'"

"他同意，'是的'。我已经得到他的第一个'是'。"'电器制造公会的规则是，设计适当的发动机可以比室内温度高出华氏七十二度。对不对呢？''是的，'他同意，'的确是的，但你的发动机热多了。'"

"我没有跟他争辩。我只是问：'厂房有多热呢？'"

"他说：'大约华氏七十五度。'"

"'那么，'我回答，'如果厂房是七十五度，加上七十二度，总共就等于华氏一百四十七度，如果你把手放在华氏一百四十七度的热水塞门下面，是不是很烫手呢？'他又必须说'是的。''那么，'我提议，'不要把手放在发动机上面，不是一个好办法吗？'"

"'我想你说得不错。'他承认说。我们继续聊了一会儿，接着他叫秘书过来，为下个月开了一张价值三万五千美元的订单。"

"我花了好多钱，失去了好多生意，才终于学到：跟人家争辩是划不来的，也学到从别人的观点来看事情，使他说'是的，是的'才更有收获和更有意思。"

在加州奥克兰市主持卡耐基课程的艾迪·史诺，叙述他之所以成为一家商店的好顾客，只是因为那家商店老板婉转的话，使他说了"不错"这句话的关系。艾迪喜欢用弓箭打猎，并且在买弓、箭以及装备方面花了不少钱。当他弟弟来看他的时候，他想向常光顾的那家店租一把弓带他弟弟去打猎。但是店员说他们不出租弓，因此艾迪就打电话给另一家商店。艾迪描述了以后发生的事：

一个声音听起来非常令人愉快的男士接听了电话，他对我租弓问题的答复和原来那一家商店完全不同。他说很抱歉他们不再租弓了，因为他们负担不起。然后他问我以前是不是租过弓，我回答说："不错，几年以前。"

他又提醒我当时可能要付二十五到三十美元的租金，我又说了"不错"。然后他又问我是不是一个希望省些钱的人，当然我又回答"不错"。他说明他们正在拍卖一些附有一切装备的弓，只要三十四元九角五分钱一套，我只要付出比租金多四元九角五分钱，就可以买下一整套。

他解释这就是他们停止出租弓的原因，他问我这样做是不是很划得来。我的"不错"的答复引导我去买一套弓，而当我去拿弓的时候，我又在他的店里买了一些其他的东西。并且从那以后，我便成为他们的固定顾客。

"雅典的牛蝇"苏格拉底是个伶俐的老童心，虽然常打着赤脚，却在四十岁秃头的时候娶了一个十九岁的女孩子。他做了一件历史上只有少数几个人做到的事：他彻底地改变了人类的思潮。而现在，在他死后二十三个世纪，他还被尊为在这个争论不休的世界中最卓越的口才家之一。

他的方法是什么？他是否对别人说他们错了？没有，他太老练了，不会做那种事。他的整套方法，现在称之为"苏格拉底妙法"，以得到"是，是"为根据。

他所问的问题，都是对方所必须同意的。他不断地得到一个又一个同意，直到他拥有很多的"是，是"。他不断地发问，直到最后，几乎不知不觉之下，他的对手发现自己所等到的结论，是他在几分钟之前所坚决反对的。

下次我们要自作聪明地对别人说他错了的时候，不要忘了赤足的苏格拉底，而提出一个温和的问题，会到得"是，是"反应的问题。中国人有一句格言，充满了东方悠久的智慧："轻履者行远。"如果你要使别人同意你，请记住下列规则："使对方立即就说'是的，是的'。"

说话技巧影响事业成败

很少有人仔细考虑过应该如何表达自己的想法。他们自然而然地使用涌到嘴边的第一个词。他们从来没有想过在开口说话之前应该事先构思一下，因为只有经过构思，说出的话才可能优美、简洁、清晰、凝练，才可能富有说服力。相反，从他们嘴里说出的话往往结结巴巴、杂乱无章、不成条理。

偶尔我们也能遇到真正的语言大师，在听他们说话时，我们感到的是一种至上的愉悦和享受，有时候我们甚至会情不自禁地纳闷：为什么我们绝大多数人在谈话时显得如此蹩脚拙劣？为什么我们把语言这一人与人之间的沟通媒介搞得如此低劣不堪？而语言原本是可以成为最精湛的艺术的啊？

在一生的经历中，我们所遇到过的很多人都使人形成这样的想法，语言完全有可能成为最精湛的艺术，甚至达到超越其他任何一种艺术的高度。

有一次，美国著名成功学家奥里森·马登应邀拜访了美国学者温德尔·菲利普斯在波士顿的住所。在那里，温德尔那优美的嗓音，那清新自然的话语，那纯净流畅的措辞，那博大精深的知识素养，还有他那散发着迷人魅力的个性以及他讲述事物的出色技巧，都给奥里森·马登留下了不可磨灭的印象。

温德尔坐在奥里森·马登旁边的沙发上，就像一个老朋友一样侃侃而谈，马登感觉他的语言实在太精致优美了。他遇见过好几个这样的人，那些人都拥有那种不可思议的神奇力量，"可以迷倒所有倾听谈话的听众"——哈佛大学前任校长艾略特先生、玛丽·利文莫尔夫人、朱莉娜·沃德·豪以及伊丽莎白·沃德都拥有这种非凡的沟通魔力。

从另一个角度看，沟通的质量重于一切。在我们的生活中，有很多人尽管能够用精心锤炼的语言和流畅清晰的措辞来表达他们的思想，他们那种如同行云流水般的谈话风格尽管也常常会打动我们，但是，也仅此而已。

他们并不能靠深邃的思想来影响我们，他们也不能激励我们去采取行动。在听了他们的高谈阔论之后，我们并不会比以前更加坚决地想在世界上做某件事情，或者是成为某个人物，我们的思想依然故我。

但与此同时，我们还认识其他一些人，他们说得很少，然而他们的话语里却充满实质性的内容和激励人心的力量。在聆听他们的谈话时，我们感觉到，自己多次被他们所注入的力量感染、激励和打动。

与今天相比，过去时代的谈话艺术往往要更有水平。这种退化主要归因于现代物质文明下某些条件的彻底革命。因为在此以前，人们除了交谈以外，几乎没有任何其他交流彼此思想的工具，所有类型的知识几乎完全是通过口头语言的方式进行传播的。在当时，不存在报纸、杂志以及各种各样的期刊。

随着对地球深处所蕴藏的巨大财富的发现，随着各种各样的发明和地理大发现而开辟的全新世界的出现，随着形形色色的远大抱负的产生，就彻底改变了以前的现象。

在这个一日千里、日新月异的时代，在这个人人紧张兴奋的时代，每个人都狂热地追逐着财富和权势、金钱和地位，我们再也不像过去那样有充裕的时间进行沉思和发展自己的谈话技巧了。

在这个充斥着电子新媒体的时代，每个人很方便快捷地就可以得到世界上最广泛的新闻和信息，每个人都习惯于阅读或者是埋头于手机之中。在这种条件下，再也不像过去那样要依靠口头的语言来交流思想了。

由于同样的原因，讲演术变成了一门失传的艺术。印刷变得如此廉价，以至于最贫困的家庭也可以以几个美元的代价，来获取远比中世纪的国王和贵族们所能够得到的更多的信息资料。

在当今社会，遇到一个高超而优雅的健谈者真是一件非常幸运的事情。很少有机会能听到某人讲精湛优雅的语言，运用恰如其分的措辞。所以，这种机会实际上已经成了一种奢侈品。

然而，良好的阅读不仅能够开阔人们的视野，使人们产生新的看法，而且能够增加人们的词汇量，而后者对谈话来说是有很大帮助的。许多人有着深邃的思想、独特的见地，只是囿于词汇量的贫乏，无法很好地表达自己的思想。

他们所掌握的词汇压根儿不足以生动活泼地表达自己的想法。他们只能局限在一个狭小的文字圈子里，一遍又一遍地重复着陈词滥调。因为当他们想用一个特有的词汇来精确地表达内心的想法时，他们根本就找不到这样一个词。

如果你立志要成为一个能言善辩者，你必须尽可能多地和那些受过良好教育、具有一流文化素养的人交往。相反，如果你与世隔绝，孤芳自赏，那么，即便你受过良好的高等教育，你仍然会是一个蹩脚的谈话者。

我们都同情这样一些人，尤其是那些性格上胆小羞怯的人。当他们尽力想要谈论某些东西时，却发现不能很好地表达自己的想法，因而会在内心产生压抑和极度沉闷糟糕的感觉。对于那些羞怯内向的年轻人来说，当他们在学校里准备鼓起勇气发表演讲时，就经常会产生这种强烈的感觉。

事实上这很正常，许多著名的演说家初次在公共场合作演讲时，也有过同样的经历，因为自己的语无伦次和磕磕巴巴而大受刺激，感到颜面扫地。

然而，要想成为一个雄辩的演说家或者巧舌如簧的健谈者，唯一的办法就是不断地练习如何有效而优雅地表达自己的思想，此外别无他途。

如果你在设法表达自己的过程中，发现经过精心准备的观点突然不翼而飞，整个脑海一片空白，或者是你绞尽脑汁也找不到恰当的词语来传情达意，因而变得手足无措时，你必须告诉自己，即便这一次你所做的每一个努力都失败了也不要紧，因为这肯定会有助于你在下一次谈话时更加轻松自如。

如果一个人能够坚持尝试的话，他会惊奇地发现，自己在如此短的时间内取得的进步是如此之大，他完全有可能克服自己的尴尬心理和自卑意识，并以一种更加自然轻松的态度来与人谈话。

在现实生活中，有很多人由于无法用生动活泼的语言来表达自己的思想，因而在社交场会处于极其不利的地位。

在公共聚会中，每当就一些重大的问题进行激烈的讨论时，总会有一些学识渊博、满腹经纶的人在一边默不作声，无法让旁人分享自己的观点，即使他们比起那些活跃的侃侃而谈者还要博学、还要有发言权。

类似的情况屡见不鲜，在一些场合，某些真正的博学之士往往如木头般一言不发，而那些头脑简单、学识肤浅者却往往能抓住在座者的注意力。因为后者虽然所知甚少，却能够以一种饶有趣味的方式将自己知道的东西表达出来。

而对那些博学之士来说，一旦离开了那些了解他们的真正价值和深厚底蕴的人，他们常常会感到尴尬不安、手足无措，因为他们不能就任何一个话题展开充满智慧和乐趣的谈话。

在我们的社会，有着成百上千富有深刻见地却保持沉默的人。又有许多人，尤其是那些学者认为，人生中最紧要的事就是尽可能多地把那些有价值的信息输入自己的头脑里。但是，与汲取知识同样重要的是，一个人应该知道怎样以一种恰当的方式将自己所掌握的知识传播给别人。

你可能是一个卓有建树的学者，你可能在历史学和政治学领域造诣颇深，你可能在自然科学、文学或艺术领域地位显赫，然而，如果你的知识只是为自己所占有而不为人所分享，你将处于一种极其不利的地位。

只为单个人所拥有的能力或许可以给他本身以满足感，但假如想要让外界欣赏这种能力或者承认它的价值，那么这种能力就必须在公众面前展示出来，或者以一种吸引人的方式表现自己。

不管未经加工的钻石实际上是如何的贵重，但在它经过精雕细琢之前，是没有人能认识到它的真正价值的，即便是再多的解释、再多的描绘也无济于事。只有在经过雕琢和打磨之后，在它发出璀璨夺目的光华之后，人们才会真正把它当成珍宝。

谈话对于一个人的意义，正如钻石的雕琢对于一块石头的意义一样。所谓玉不琢，不成器。而人不通过谈话表现自己，外人同样很难了解他的深刻内涵。雕琢的过程本身并不会给钻石增加任何内容，它所起的作用仅仅是把它内敛的光华展示出来。

在自己孩子的成长过程中，有些父母对于谈话这门艺术所蕴藏的巨大能量毫不关心，他们压根意识不到这会给自己的孩子带来多大的危害。在大多数的家庭里，孩子们运用语言的方式、说话的腔调和谈论的内容都令人感到极其不安。对于发展一个人的智力和个性来说，最好的方式莫过于不断地一起讨论各种问题并得出富有智慧和生动有趣的观点。当我们坚持不懈地用清晰的语言、以一种活泼生动的方式来表达自己的思想时，我们实际上已经受了一种很大的锻炼。

我们身边可能还有一些没有上过大学的人，但他们能够非常流畅、通顺地表达自己的意见和看法，以至于没有人会想到他们从未接受过高等教育。对于这样一些人，尽管他们从来没有机会接受高等教育，但他们却掌握了自我表达的艺术，这让许多大学毕业生不得不感到汗颜和羞愧。

相对来说，学校在连续几年的时间里每天都要占用学生几个小时的时间；而谈话则是在社会这个永久性的学校里接受的训练。有许多人都是在社会这个学校里接受了他们所受教育中最好的一部分。

谈话能够很好地挖掘一个人的潜力，能够展示各种各样的机会和资源，能够有效地刺激大脑进行思考。如果我们能够轻松自如地谈话，能够引起别人的兴趣并抓住他们的注意力，我们的大脑就会运转得更快，对自身价值的意识也就更强烈。这种清晰流畅的谈话能力会增强我们的自尊和自信。

我们都知道，在一个人尽力向别人展示自己之前，没有人确切地知道他身上到底拥有什么潜质。只有在我们和他人交流沟通时，我们才会全神贯注，我们的感觉才会变得灵敏细致。

每一个擅长谈话的人在和一个以前素未谋面的陌生人交谈时，往往都会感到对方在他身上注入了一种巨大的力量，因为后者经常会激励或鼓舞他追求全新的奋斗目标。

思想与思想之间的碰撞，心灵与心灵之间的沟通，经常会产生耀眼的火花和全新的力量，正如把两种化学物质混合在一起会生成第三种物质一样。

第二节　说话的基本技巧

说话时要尊重他人

尊重他人，是文明的起点。在语言的表达和交流之中，首先应该做到讲文明，懂礼貌。而尊重他人便是做人的基本美德，一切不文明行为都是不尊重他人的表现。

将心比心，凡事要替他人多想。每个人都有自尊，只有去尊重别人，才会赢得别人的尊重，才有利于沟通。人活在世上，必须和别人交往，与人交往对我们的生活有着重要意义。在交往的过程中，尊重他人是我们进行有效沟通的前提。

有一次，英国著名的戏剧家、诺贝尔文学奖获得者萧伯纳，在莫斯科访问街头散步时，遇到一个非常可爱的小女孩。萧伯纳在那里和小女孩玩了很久、很开心，在分手的时候，他对小女孩说："回去告诉你的妈妈，你今天和伟大的萧伯纳一起玩了。"

小女孩儿也学着大人的口气说:"回去告诉你妈妈,你今天和女孩儿安妮娜一起玩了。"这句话让萧伯纳很是吃惊,他立刻意识到自己的傲慢,并连忙向小女孩儿道歉。一直到后来,每每萧伯纳回想起这件事,都感慨万千。他说:一个人无论有多么大的成就,对任何人都应该平等相待,应该永远谦虚。

这是一个人懂得尊重他人的谦虚,也是得到他人尊重的前提。尊重是一滴水,一滴干渴时的甘露;尊重是一朵花,一朵开在心间的花;尊重是一条路,一条通往美好的路;尊重是一团火,一团温暖你我的火。

尊重是一缕春风,一泓清泉。它常常与真诚、谦逊、宽容、赞赏、善良、友爱相得益彰,与虚伪、狂妄、苛刻、嘲讽、凶恶、势利水火不容。

给成功的人以尊重,表明自己对他的敬佩、赞美与追求,以他为榜样;给失败的人以尊重,表明自己对他的鼓励、认同与祝福,他会以你为榜样。

良好的交谈应建立在真诚与尊重的基础上。只有学会尊重他人,才能赢得他人对自己的尊重。尊重他人不仅仅是一种态度,也是一种能力和美德,它需要设身处地为他人着想,给别人面子,维护他人的尊严。

一个纽约商人看到一个衣衫褴褛的铅笔推销员在地铁站卖铅笔,出于怜悯,他塞给那个人一元钱。不一会儿他返回来又取了几支铅笔,并抱歉地解释自己忘取笔了。然后又说:"你跟我都是商人,你也有东西要卖。"

几个月后,他们再次相遇,那个卖笔的人已成为推销商,他充满感激地对纽约商人说:"谢谢您,您给了我自尊,是您告诉了我,我是个商人。"

这个故事告诉我们,尊重别人是崇高道德的表现。在生活中,每个人都有能力给需要帮助的人一些力所能及的帮助。可是,在帮助他人的同时,考虑到他人的自尊却不是每个人都能做得到的。

从这一点来说,那位纽约商人的做法的确让人敬佩,因为他很懂得去尊重别人。尊重别人不仅可以使自己的心灵受到深深的震撼,更可以使他人拥有自尊和自信。

纽约商人的几句话,让铅笔推销员从自卑中解脱出来,自信地踏上经商之路。可见，尊重的力量无穷之大。它可以让失望的人们看到光明，让自卑的人们找到自信，甚至可以改变一个人的一生。

每个人在这个世上，都不可能做到尽善尽美，完美无缺。所以，你没有理由以俯视的目光去审视别人，也没有资格用不屑一顾的神情去嘲笑他人。

假如别人某些方面不如自己，不要用傲慢和不敬的话去伤害别人的自尊；假如自己某些方面不如别人，也不必以自卑或嫉妒去代替应有的尊重。

一个懂得用心去尊重别人的人，一定会受到他人的尊重。一个不懂得尊重他人的人，绝不会得到别人的尊重。就如一个人对着空旷的大山大声呼喊，你对它发泄不满，它也对你不满；你对它友好，它也回应友好。在人与人之间的交往中，自己待人、处世的态度往往决定了别人对你的态度。

有人曾这样说过：知惧怕，就是对法律的尊重，就是信服法律的威严；知羞耻，就是对道义的尊重，就是坚守道德的底线；知艰辛，就是对劳动、对师长的尊重，就是找到了学习的动力、勤奋的理由。

从某种意义上来讲，一个从内心懂得去尊重他人的人，或者一个致力于要学会去尊重他人的人，无疑，他的人生一定应该是一个圆满的人生。

尊重是什么呢？尊重就像一个善解人意的小姑娘。她透明的微笑叫理解，她淳朴的心灵叫高尚；尊重又像一位德高望重的学者，饱含待人处世的智慧，尽显人格操守的高贵。

尊重是对生命的热爱，尊重你周围的一切，就是对自己的尊重。现在，你该明白尊重是什么了吧？当你跋涉在崎岖的山路，朋友鼓励的目光推动着你，那是尊重；当你遭遇到人生的挫折，老师温暖的双手紧握着你，那是尊重；当你拾起马路上的垃圾，路人赞许的微笑感染着你，那是尊重；当你懊悔曾经的过失，父母的宽厚与理解包容着你，那是尊重。

生活中，到处都充满了尊重。用心去发现，用心去尊重，你一定会收获一个最美丽的生活。

在现代社会中，尊重别人是与人说话要遵循的基本原则。在交往中，任何不尊重他人的言行，都会引来别人的反感，都不会赢得别人对自己的尊重。所以，要想得到他人的尊重，尊重他人是前提。

注重自我表达能力

从某种程度上说，自我表达是锻炼精神力量的唯一途径。这种精神力量可能存在于音乐中，可能表现在画布上，可能贯穿在演说里，也可能存在于销售商品或写作的过程中，但不管怎样，它都必须借助于自我表达。

任何合理的自我表达，都能激发出一个人身上的潜能与创造力。但是，所有自我表达方式中，只有面对公众的演说能够最彻底地锻炼一个人，能最迅速地释放出他所有的能量。

如果不研究表达艺术，尤其是公众的演讲艺术，要达到最高的表达能力是很困难的。对于任何年龄的人来说，演说都是最高程度的自我展现。对年轻人来说，不管他们以后想从事什么职业，无论是做工程师还是农场主，商人还是医生，都得学习自我表达。

竭尽所能地在公众面前演讲，能最快最有效地激发一个人的潜力。当一个人在公众前不得不站立着思考，做即兴演讲时，他的能力和技巧就面临着严峻的考验。

公共演说的实践、急中生智的挑战、全力以赴的决心，能激发一个人身上的所有潜能。聚精会神、感情充沛和滔滔雄辩带来的力量感，能给人注入自信与勇气，使人雄心勃勃，锋芒毕露。

当一个人在进行自我表达的时候，他的判断力、他所受的教育情况、他的勇气和性格特点，会像一幅全景图一样完全展现出来，这时他会变得才思敏捷，口齿伶俐。演讲者会调动起所有的经验、知识、先天和后天的能力，他会集结所有的力量去努力展现自我，以赢得观众的赞同和掌声。

一个作家写作需要灵感，当他想写作的时候才会动笔。他清楚，如果书稿不合他意，他会毫不犹豫地烧掉它。很少有人注意他。他拥有的忠实读者并不多，他也不必像一个演说家那样去注意每一个观众的反应。他爱怎么写就怎么写，不用顾忌该用多少脑力和精力，只要高兴就行。没人时时刻刻盯着他。他的骄傲和虚荣不可触及，他所写的东西别人也看不到。

而且，他总是有修改的机会。在音乐领域，不论是声乐还是器乐方面，人们所演奏或是演唱出来的东西只有部分是属于自己的；另一部分是属于作曲家的。

在交谈时，我们没感觉到我们的话语中包含着丰富的信息，仅有少数人会倾听，或许没有一个人会再回想起谈话的内容。但是，当一个人试图在一群观众前演讲时，他失去了所有的支柱——他无所依凭，他得不到帮助，得不到建议，他必须在自己身上寻找力量的源泉，他处于完全孤立的状态。

他可能家资百万、良田万顷，住在富丽堂皇的宅邸中，但现在所有这些都帮不了他。他现在所能依靠的就是他的记忆、经验、教育和能力。他所说的话，他在演讲里所展现的东西决定着人们对他的评价。在观众的评价中，他要么出类拔萃，要么一无是处。

任何有文化的人都应该训练自己站立着思考，这样才能灵活应变，妙语连珠。现在，酒宴上的演说也愈来愈多。许多已经在办公室里解决了的问题在饭桌上又被拿出来探讨争论。各种商业洽谈也在饭桌上进行。酒宴演说有如此之大的需求，这是一种空前的现象。

我们知道，有些人通过艰苦奋斗功成名就，然而，他们却不敢在公共场合演讲，甚至不敢说话，不敢动一动，否则浑身颤抖得如同一片萧瑟的秋叶。

其实他们年轻时，在辩论俱乐部里有大量机会可以消除他们的怯场意识，可以获得在公共场合轻松自在的信心。但是，因为他们胆小，或是觉得别人会辩论得更精彩，回答得更出色，所以他们逃避每一次机会。

今天有很多商人，如果能让他们回到过去，弥补早年错过的机会，学习站着思考说话，他们愿意付出更高昂的代价。现在他们有钱，有地位，但是一旦被叫到公众面前说话，他们就变得一无是处。他们所能做的就是发傻、脸红、结结巴巴地道歉，然后坐下来。

前些时候，在一个公共集会上，有一个人在人群中站在非常靠前的地方，他是所在专业领域里的学术泰斗，他被请上去谈谈对某个问题的看法。只见他站起来后，浑身发抖，支支吾吾，简直魂飞魄散。他甚至没法大大方方地亮相。

他是学术权威，经验丰富，但是他站在那里，无助得像个孩子，感到尴尬、屈辱。如果他在早年能训练自己即兴演讲的能力，使自己能站立着思考，并且说话掷地有声，绘声绘色，他很可能愿意为此付出巨大的代价。

在这次集会上，这个德高望重的权威人物没能就他所熟悉的重要问题发表意见，令所有在场的人都大失所望。然而，这个城市里一个知识不及前者百分之一的商人，却做了一次精彩的发言，不知底细的人毫不怀疑地认为他是个更大的权威。其实，他只不过培养了站着说话的能力，并获得了现场发挥的机会而已，而前一个人没有这样做过。

纽约有一个出色的年轻人在短时间内登上了负责人的位置。他告诉我说，在几次公共场合中，当他被叫上去发言时，他都惊慌失措，现在他最后悔的就是过去错过了太多展现自我的机会。

努力用简明扼要、雄辩生动的语言表达自己的思想，能使一个人的日常语言更加精炼简洁，能大大改善个人的语言表达能力。

演讲在许多方面能促进精神力量和性格的不断完善。这足以说明，一个参加公共辩论或辩论社团的中学生或大学生，他进步的速度为什么会如此之快。

切斯特菲尔德勋爵说过：只要肯下苦功，人人都可以谈吐大方、妙语连珠；他的一举一动都可以温文尔雅，成为一个受欢迎的演说家。

这是用不用心、准不准备的问题。你想知道什么，你就必须得学习。你的语言能力、风度、精神修养都应该细细考虑，小心培养。面对观众站着思考时，你必须能够急中生智，能够在电光火石的刹那间切中要害。

同时，你还必须调整好嗓音，而且表情和身体姿态要非常得体。这些素质都需要早年的训练。单调乏味、死气沉沉的演说很快会让观众腻烦。必须避免单调。单调只会使人的大脑迅速疲劳。尤其是当语调平淡乏味时，情况就更糟了。使声音抑扬顿挫、流畅悦耳，这是门大学问。

格莱斯顿说：百分之九十九的人不能出类拔萃，是因为他们完全忽视了对嗓音的训练,他们认为这种训练不具有任何意义。

据说,德文郡的一个公爵是唯一一个在自己演讲时打瞌睡的英国政治家。他简直是个发表枯燥无聊演讲的完美天才,他有本事瓮声瓮气不换语调地一路讲下去,时不时还会停下来打个盹,养养神。

未来的演说家在年轻时就必须培养强健的体魄,因为热情、自信、意志力深受健康状况的影响。他也必须培养身体姿态,必须具备挥洒自如的良好习惯。

如果他一直坐在议会里,把脚搁在桌面上,结果会如何呢?一个像诺迪卡那样的出色歌手如果懒懒的躺在沙发上,或是没精打采地坐着,他能够使观众疯狂激动才怪呢!

说话要学会就地取材

相互介绍姓名后,刚开始交谈是最不容易应付的问题。因受时间的限制,不容许你多作犹豫,而话不投机,又不能冒昧地随便提出其他话题。"今天天气很好"这话最常用,但除了在户外或沙滩上散步时不妨用之外,在别的场合上说来不仅太近敷衍,而且缺乏内容,难以发展出较趣味的谈话。而对谈话内容的就地取材,似乎比较简单适用。

何谓就地取材?那就是按照当时的环境而觅取话题。如果相遇地点在朋友的家里,或在朋友的喜宴上,那么对方和主人的关系可以做第一句的话题:"你和某先生大概是老同学吧?"或者说:"你和某先生是同事吗?"如此一来,无论问得对不对,总可以引起对方的话题。问得对的,可依原本主题急转直下。猜得不对的,再根据对方的回答又可顺水推舟,继续畅谈下去。

"今天的客人真不少!"虽是老套,但可以引起其他话题。"这礼堂布置得很不错!"赞美一样东西,常是最稳当得体的开始。若是一般社交活动,则"山上的樱花开得很灿烂,颜色真好看,你曾去看过吗?"或"大热天在园子里喝茶,实在太舒服了!"都是就地取材的办法。

一句的最高境界,是人人能了解,人人能加进自己的意见。由此再探出对方的兴趣和嗜好,然后拓展谈话的领域。如果指着一件绘画说:"真像梵高的作品！"或听见鸟唱就说："很有孟德尔颂音乐的感觉！"除非知道对方是内行，否则不仅不能讨好，反而会在背后挨骂的。

如果不知道对方的职业，最好是不要问他。万一他正失业赋闲在家，问他职业无异迫他承认失业，否则他还要随便撒个谎，对于自尊心很重的人是不大好的。如果你想"开发"主题而希望知道他的职业，只能用试探他的方法："你平常会做点球类运动吗？"如果他说"不"，你就可以问他是否很忙，继续下去问出他每天是否有固定的工作时间。如果他说"是"呢，便可加上一句问他通常在何时去运动，而决定他有无职业。

找不出其他话题时，那么中国原有的老方法也可运用。那就是请问对方的籍贯，这"府上是什么地方"的问题，以中国人的习惯上是一点不觉得唐突的。知道了籍贯，话题就容易找了。如果是同一个县市呢，那更方便了，随便谈些两人皆知的社会新闻、都市建设、地方习俗等都可以。

如果是遇到一些知名人士，或有特殊成就的人，或介绍者已早对你说出对方的身份底细，那么，你大可提出话题，鼓励对方多谈谈他自己得意的方面，一则彼此均甚愉快，同时对方会对你产生好印象。再则，也可以由交谈中吸取新知，获得宝贵经验。

说话时切忌重复啰唆

社交场合一旦出现了这样性格的人，无论什么人都会感到伤透脑筋。他们大大咧咧、漫不经心，讲起话来啰啰唆唆一大堆，看不出他们所说的话中间有什么逻辑联系。

他们既不知道自己是在说些什么，也不知道自己为什么要说这些，更不知道自己遇到与人谈话的场合应该怎么办。这样的人往往心地善良，不含恶意，但就是让人受不了。

在社交场合说话啰唆，无论如何也是性格上的一大弱点。它让人神经紧张、心情厌烦又不好粗暴地打断话头："闭上你的嘴！"于是就有人提出了颇具幽默的设想，建议具有这种性格弱点的人说话时想象自己在打国际长途电话，说话的每一分钟你都必须付款。

这是一种合理的想象，你在浪费别人的时间。而一旦你真正这样想的话，那么你肯定会知道自己要说些什么，也知道为什么要说这些。

至于怎么办，这很清楚，唯一的原则就是简洁明快。从任何角度来看，没有人会心甘情愿为自己的一堆废话去付账。所以，这条建议不失为一个行之有效的方法。

问题在于，说话啰唆的人往往觉得自己所说的含义丰富，他们认识不到自己的弱点。有两个多年未见面的老朋友相聚，他们彼此都对此盼望了很久。

结果其中一个带了他热情开朗的新婚妻子一起来。那位妻子从一开始就独占了整个谈话，滔滔不绝，一个接一个地说着一些自己觉得很好笑、很有趣味的事情。

出于礼貌，两个男人沉默地听着，偶尔尴尬地彼此对看一眼。当他们分手的时候，那位妻子站在门口的台阶上挥舞着手套，兴高采烈地说："Byebye！"

她觉得度过了一个很有意义的夜晚，认识了丈夫的朋友，还进行了一次快乐的谈话。而两个男人却对老朋友分别多年后的情况仍旧一无所知，心里诅咒着这个开朗得过分的女人，即使她的丈夫也是如此。

心理学专家们为具有这种性格的人罗列出七个典型的特征：打断他人的谈话或抢接别人的话头，希望整个谈话以"我"为重点；由于自己注意力分散，一再要求别人重复说过的话题，或自己的话不记得已经说过了，一再重复；像倾泻炮弹一样连续表达自己的意见，使人觉得过分热心，以致难以应付；随便解释某种现象，轻率地下断语，借以表现自己是内行，然后滔滔不绝；说话不合逻辑，令人难以领会意图，并轻易地从一个话题跳到另一个话题，有时自己也莫名其妙；不适当地强调某些与主题风马牛不相及的东西，东拉西扯，制造大拼盘；觉得自己说的比别人说的要来得更有趣。

凡此种种，都是说话啰唆者的通病，也往往造成社会交往中的尴尬场面。你不妨对照一下，只要具备了七条中的任何一条，你就有必要在交谈的技巧上加以提高。

切记，仅仅有了充分热情的交谈愿望是远远不够的，毫无技巧的谈话只会给人带来烦恼，而不会增进友谊。如果你把这只当作一个无足轻重的小毛病，那你就大错特错了。

这里有几个具体步骤能提醒你在交谈时更注意技巧，更清晰地表达。既然是交谈，就要先听清楚别人在说什么，还得用心记住，免得三分钟后你又重新发问，或自己说的和别人说的对不上号。聆听有时比说话更重要。

心不在焉、漏听字句和记性不佳，都会使谈话变得冗长、拖沓、无聊。试想，如果你在说话时，有人时时提问："你刚才在说什么？"那是多么令人扫兴的事。

谈话时要注意观察他人的反应，包括他人的语调是否热情，是否对你说的话感兴趣。谈话就像司机驾车过十字路口一样，要时时注意红绿灯。

当别人表情冷淡、哈欠连连，你仍然滔滔不绝地往下说，无异于违反了交通规则。如果别人对你说的话感兴趣，就会做出积极鼓励的反应，邀请你说下去。否则就是亮红灯，你要赶紧刹车，适可而止。

你如果要开口说话，就要把话说得有条理。最令人困扰的就是缺乏条理的谈话习惯，它会轻而易举地将人引到信口开河、废话连篇、离题万里的泥塘里去。说话无组织、无逻辑是思想不清楚的表现，没有人愿意和他打交道。

不要把"我"当成谈话中最大的字，要引导对话者积极参与进来。这样即使你要说很多话，也不会让人觉得太冗长。在与人交谈时摆正"我"的位置，是一门大有学问的艺术，你不是一个伟人，没有必要居住在地球中心。

说话要学会吊人胃口

设置悬念是说话技巧中最为常用的一种。这种技巧一般是把自己的思路引入对方的思维轨道，然后来个急转弯，把对方逼入困惑之地，让对方"着了你的圈套"。然后再用一句话点破，让听者恍然大悟，从而达到你的既定目的。

美国有个倒卖香烟的商人到法国去做生意。一天，在巴黎的一个集市上他大谈特谈吸烟的好处。突然，从听众中走出一个老人，径直走到台前，那位商人吃了一惊。

老人在台上站定后，便大声说道："女士们，先生们，对于吸烟的好处，除了这位先生讲的以外，还有3大好处哩！"

美国商人一听这话，连向老人道谢："谢谢您了，老先生，看您相貌不凡，肯定是位学识渊博的老人，那就请您把吸烟的3大好处当众讲讲吧！"

老人微微一笑，说道："第一，狗害怕吸烟的人，一见就逃。"台下一片轰动，商人暗暗高兴。"第二，小偷不敢去偷吸烟者的东西。"台下连连称奇，商人更加高兴。"第三，吸烟者永远不老。"台下听众惊作一团。商人更加喜不自禁。要求解释的声音一浪高过一浪。

老人把手一摆，说："请安静，我给大家解释。"

商人格外振奋地说："老先生，那就请您快讲讲吧。"

"第一，吸烟人驼背的多，狗一见到他以为是在弯腰捡石头打它哩，能不害怕吗？"台下笑出了声，商人吓了一跳。"第二，吸烟的人夜里爱咳嗽，小偷以为他没睡着，所以不敢去偷。"台下一阵大笑，商人大汗直冒。"第三，吸烟人很少长命，所以没有机会衰老。"台下哄堂大笑。此时，大家一看，商人已不知什么时候溜走了。

这则故事一波三折，层层推进，一步一步把听众的思维推向迷惑不解的境地，在把听众的胃口吊得足够"馋"时，才不慌不忙地表达出自己的意思。按照一般的思维，吸烟是应该遭到反对的，因为吸烟的危害人所共知。当老人一言不发地走向大谈吸烟好处的商人时，一般认为老人是要提出反对意见，老人却也大谈吸烟好处。

商人和听众一样大感不解，因而急切地想知道原因。最后，老人以幽默的话语作了妙趣横生的解释。既让听众开心，又让听众从商人的欺骗性话语里走出来，意识到吸烟的危害性，真是一举两得，一石双鸟。

交谈时要善于倾听

要想使他人对你表示出极大的崇敬，首先要让对方畅所欲言，还要学会仔细恭听别人的说话。因为你的恭听不但能够受人敬慕，更是鼓励别人说话的最好办法。倾听是一种美德，倾听能让你化解干戈，倾听能深入心灵，倾听能够使别人对你产生敬慕，倾听是人人都能运用的策略。

当初蒙娄初受柯立芝总统之命，去往墨西哥任新任公使。但是对一个才上任的新官而言，这确实是一项苦差事，曾经有位美国知名人士评点说："墨西哥是美国最疼痛的一个手指头，到那儿做公使，是再麻烦不过的事了。"

蒙娄初重任在身，他觉得此行最关键的时刻，就是他在第一次和墨西哥总统卡尔士会面的时刻。他能不能让自己和美国得到胜利的结果呢？他能不能在墨西哥总统心里留下一个美好的印象？这都不得不依赖蒙娄初事先拟定的策略了。会见的第二天，墨西哥总统卡尔士对一位朋友说："新任美国公使真是一位能言善辩的人啊！"

蒙娄初是怎么跟墨西哥总统进行沟通的呢？他又使用了一些什么样的策略才使墨西哥总统卡尔士对他留下了如此美好的印象呢？

原来，在他和墨西哥总统进行会谈的时候，他压根儿不提公使应当提到的官方性的那些严重事件，只是顺便夸了夸当地厨师的手艺，还多吃了一些面包和菜品；随后，他请卡尔士总统讲一讲墨西哥的现状，以及墨西哥内阁对国家的发展有什么新的举措、总统自己现在有没有什么正在计划的事宜，还有卡尔士总统对未来的形势有什么样的看法等等。

蒙娄初用了人人都可运用的策略。他说这些话，只是为了让卡尔士总统感到轻松和愉快。蒙娄初鼓励卡尔士总统发表自己的见解，让他率先开口说话，自己则一心一意地倾听着。在这个过程中，他流露出对于对方的兴趣表现出的崇敬之意，从而提高了对方的自尊心和自信心。

当我们翻阅那些成功者的传记或自传时，我们可以发现，有许许多多的成功者都是倾听策略的受益者。每一个成功者在他成功的过程里，都必定有着恭听别人说话这一策略的功劳。因此,学会恭听别人说话也是非常重要的。

约翰·海是美国的一位著名政治家,他不但能够作精彩的演讲,同时也是一位极佳的听众。他在恭听别人谈话的时候,总是做出一副明显地对对方表现出崇敬的样子,非常专注。

任何跟他谈过话的人,只要一起坐上半个小时,他们就会感受到自己已经被约翰·海给征服了。同时,无意之中也受到他的鼓励,双方的关系不知不觉地向前走了。

豪斯先生曾是威尔逊总统在位时的副总统,工作非常出色。他的一位朋友曾经这样评价道:"豪斯先生一向是一名好听众。他之所以能够出任威尔逊的副总统,可能多半是出于他对人恭听的态度。因为豪斯和威尔逊首次在纽约会面时,他就用他善于恭听的策略征得了威尔逊的好感,同时也引起了威尔逊对他的注意。"

一切领导人物,都是注重而且善于运用聆听艺术的。这些领导人物不但会对别人的发言表示出浓厚的兴趣,还会把这种感觉真切地表露出来。

可是在这个熙熙攘攘的社会里,虽有很多人明白这种策略的重要地位,有时也还会遇到发展的良机,然而他们还是在疏忽之中没有善加利用而失去了许多机会。

许多到各地去拜访过名人们的年轻人都有过这样的感觉,那些大人物对自己并没有好感,大人物认为他们是有着错误观念或是粗心大意的人,不知道他们为什么会有这种感觉。

其实,真正的原因在于年轻人自身,他们没有能够静静地聆听被访问者的谈话,只是不断考虑自己接下来应当说什么话,结果他们并不能专心地听对方到底说了些什么。很多大人物都曾表示说,认为一个善听的人要比一个健谈的人更能让人满意,所以听讲的才能要比健谈的才能更为重要。

常发牢骚的人,甚至最不容易讨好的人,在一个有耐心、具有同情心的听者面前都常常会软化而屈服下来。这样的听者,在被人家鸡蛋里挑骨头骂得狗血淋头的时候,都会保持沉默。

举例说明：纽约电话公司发现，该公司碰上了一个对接线员口吐恶言的最凶恶的用户。他怒火中烧，威胁要把电话连根拔起，拒绝缴付某些费用，说那些费用是无中生有的。他写信给报社，到公共服务委员会做了无数次的申诉，也告了电话公司好几状。

最后，电话公司最干练的"调解员"之一，被派去会见那位惹是生非的用户。这位"调解员"静静地听着，让那位暴怒的用户痛快地把他的不满全部吐出来。电话公司的"调解员"耐心地听着，不断地说'是的'，同情他的不满。后来，这位"调解员"把他的经验在卡耐基培训班上叙述出来：

他滔滔不绝地说着，而我倾听着，几乎有三个小时。然后，我又继续倾听下去。我见过他四次，在第四次会面结束之前，我已经成为一名他要成立的一个组织的会员，他把它叫作"电话用户保障协会"。我现在仍然是这个组织的会员，而就我所知，除了那位老兄之外，我目前是世界上这个组织的唯一会员。

我倾听着，对这几次见面中他所发表的每一个论点抱着同情的态度。他从来没见过一个电话公司的人跟他这样谈话，于是他变得友善起来。在第一次会面的时候，我甚至没有提出我去找他的原因，第二次和第三次也没有。但是第四次的时候，这件事就完全解决了，他把所有的账单付了，而且撤销了对公共服务委员会的申诉。

无疑，那位老兄自认是一位神圣的主持正义者，维护大众的权利，免得受到剥削。但事实上，他所要的是一种重要人物的感觉，他先以口出恶言和发牢骚的方式得到这种重要人物的感觉。但当他从一位电话公司的代表那儿得到了这种感觉后，那无中有生的牢骚就化为乌有了。

辛格曼·弗洛伊德要算是近代最伟大的倾听大师了。一位曾遇到过弗洛伊德的人，描述着他倾听别人时的态度："那简直太令我震惊了，我永远都不会忘记他。"

"他的那种特质，我从来没有在别人身上看到过，我也从没有见过这么专注的人，有这么敏锐的灵魂洞察和凝视事情的能力。他的眼光是那么谦逊和温和，他的声音低柔，姿势很少。"

"但是他对我的那份专注，他表现出的喜欢我说话的态度，即使我说得不好，还是一样，这些真的是非比寻常。你真的无法想象，别人像这样听你说话所代表的意义是什么。"

如果你要知道如何使别人躲闪你，在背后笑你，甚至轻视你，这里有一个方法：绝不要听人家讲三句话以上，不断地谈论你自己。如果你知道别人所说的是什么，就不要等他说完。他不如你聪明，为什么要浪费你的时间倾听他的闲聊？但这样做的结果，只能是使自己处于不利的地位。

只谈论自己的人，想到的只有自己。而"只想到自己的人"，哥伦比亚大学校长尼可拉·斯巴特勒博士说，"是不可救药的未受教育者。""他没有受过教育，"斯巴特勒说，"不论他读过多少年的书。"

如果你想成为一名优秀的沟通专家，就请做一个注意倾听的人。正如查尔斯·诺山李所说的："要令人觉得有趣，就要对别人感兴趣。"提出别人喜欢回答的问题，鼓励他谈谈他自己和他的成就。

请记住，跟你谈话的人，对他自己、他的需求和他的问题，更感兴趣千百倍。他对自己颈部的疖痛，比对非洲的四十次地震更感兴趣。当你下次开始跟别人交谈的时候，别忘了这点。

如果你要别人喜欢你说的话，请记住这条规则："做一个好的听者。鼓励他人谈论他们自己。"听的意义一旦为你所重视，听的技巧一旦为你所掌握，你就会变得更加善于合作，更加幽默风趣。

你专心致志和富于思考的听讲习惯，也会受到人们的喜爱和尊敬。那么，怎样做一名出色的听众呢？

首先要有积极主动的参与精神和强烈的交流愿望。积极地倾听绝不仅仅是用耳朵，而是用整个身心；不仅仅是声音的吸收，而是为了理解；不能把交流上的所有责任通通推卸给讲话人。在交谈中要时刻保持着认真的态度、专注的精神、动人的情感和入神的姿态。

还要养成良好的听讲习惯，听众应对任何话题都感兴趣，专心注意讲话的内容。出色的听众会努力创造一种舒适、轻松的谈话环境，以一种耐心的表情和姿态，聚精会神地倾听，积极地思索谈话中的主要观点；他会机敏地发现讲话的基本纲要，确定其论据，认识论据与论点关系，并能够运用讲话人引用的材料，仔细地证实他所预想的准确性。

不要因为讲话人的品格、观点、代表的团体或者穿戴与自己格格不入就对其讲话反感、不满。感情用事往往会产生先入为主和固执己见的毛病。好的听众应具有公正无私、心平气和的听讲态度，这样做有利于建立相互理解、彼此善待的环境。况且，只有认真地听人家把话讲完，人家才会有主动合作的态度和酬答的愿望。

注意观察和体会讲话人的非语言信息：讲话中的非语言信息常常透露出讲话人的内在情感。比如，音调、音量、音质等。支支吾吾的讲话会使人觉得他心有余悸、忧心忡忡或缺乏自信。

注意讲话人词汇的运用和选择：出色的听众同样会把讲话人的语言表达视为流露下意识态度的信号。比如，频繁地使用"我"，往往表现出本人自我意识很强，内心不安，甚至可能对听众怀有敌对情绪；而不常用人称代词又会表现本人不愿意吐露内心的真实感情。

有些人常常用像"糟透了""可怕极了""最棒的""愚蠢透顶"等一类定性词来夸大自己感情或者用来评价人和事。一个因循守旧的人往往在讲话时重复使用同一个句子或词汇，与此相反，灵活运用语言则能显露出讲话人的坦率和自信。

适当提问或插话，通过一些简短的插话和提问，暗示对方确实对他的话感兴趣，或启发对方，引出你感兴趣的话题。当对方讲到要点时，要点头表示赞同。

点一点头，这实质就是在发出一种信号，让对方知道你在听他讲话，对方这时当然会认真地讲下去。当然，只是在听到节骨眼儿上时点点头就行了，不必频频点头。交谈时适度地点点头，是对对方的语言性应酬，如果频频颔首，也会使对方疲劳。

听比说快,听话者在听话过程中总有时间空闲等待。在这些时间空隙里,应该回味讲话人的观点、定义、论据等,把讲话人的观点和自己的观点作比较,预想好自己将要阐述的观点的理由,设想可能有的介乎自己与说话者之间的第三种观点,等等。

多使用简洁精练的语言

在社交场合中,有什么样的说话形象和说话风格就会产生什么样的效果。社会交往的语言要简洁、精练,并尽可能地承载更多和更有用的信息。反之空话连篇,言之无物,必然有损于自身的说话形象和说话风格。

林肯在伊利诺伊州的一个审判室里处理一个案子,助手拿起提交上来的那份冗长的起诉书,这是一个平时极其懒惰的律师起草的。助手对林肯说:"感到吃惊是吗?林肯先生。"林肯却慢慢地说:"这就好比懒惰的传道士经常写冗长的讲道稿一样,一写起来就懒得停笔。"

林肯总统有一次批评一位说话冗长的演说家时道:"他是我们遇见的人中,能把极多的话压缩进极少思想中的人。"林肯批评国会,他说:"人家说我正朝地狱走去,可我没想到,地狱只是一里之遥,而且上面有个圆顶。"美国国会大厦是座圆顶建筑物。

"言不在多,达意则灵"。讲话简练有力,能使人不减兴味。冗词赘语,唠叨啰唆,不得要领,必令人生厌。不少演讲大师惜语如金,言简意赅,留下珍贵的篇章,成为"善辩者寡言"的典型。据说,有人曾去询问美国大作家马克·吐温:"演说是长篇大论好呢,还是短小精悍好?"马克·吐温没有正面回答,而是讲了这样一个风趣的故事:

一个礼拜天,他到教堂去,适逢一位慈善家正用令人哀怜的语言讲述非洲慈善家的苦难生活。当慈善家讲了5分钟后,他马上决定对这件有意义的事情捐助五十元。当慈善家讲了10分钟后,他就决定将捐款减至二十五元。当慈善家继续滔滔不绝讲了半小时之后,马克·吐温又决定减到五元。慈善家又讲了一小时后,拿起钵子向大家哀求捐助,并从马克·吐温面前走过的时候,他却反而从钵子里偷走了两元钱。

马克·吐温由决定捐助五十元,变成偷走两元钱,似乎太不近情理,但细想起来,却是理所当然的。鲁迅说过:"时间就是生命,无端空耗别人的时间,其实是无异于谋财害命的。"那位慈善家只需五分钟讲完的话,却滔滔不绝,拉长到90分钟,致使他的说话形象一落千丈,说话风格令人生厌,这怎能不引起马克·吐温的反感,以至于恶作剧地从那位慈善家的钵里偷走两元钱。

1984年7月17日,37岁的法国新总理洛朗·法比尤斯发表的演说,更是短得出奇,演讲词只有两句:"新政府的任务是国家现代化,团结法国人民。为此要求大家保持平静和表现出决心。谢谢大家。"措辞委婉,内容精辟。当时报纸评论说:"这篇短小精悍的演说是无价之宝,感情深厚,思想集中,措辞精练,字字句句都很朴实、优雅,行文完美无瑕,完全出乎人们的意料。"可见,简洁精练的话,无论在什么场合,都是十分受人欢迎的。因为简洁精练会使人的形象和风格更显得干净利落。

说话时多用幽默语言

幽默是人类特有的东西,它是一种锋利的武器,它能引人发笑,也能中伤他人。若要使幽默发挥效用,那就必须首先考虑:你所笑谑的对象是谁?这种幽默会对他人产生什么样的影响?一位来自俄亥俄州的叫作白兰特的客人,曾去谒见林肯总统,可他在见总统的时候却陷入了尴尬之中。因为在他和总统会谈之时,总统府外面恰好来了一队士兵,他们也正在等着总统训话。

于是林肯邀请白兰特一起外出接见士兵,同时一边走一边和他密谈。然而就在他们刚走到走廊时,士兵们齐声欢呼起来。一个副官走上前来,命令白兰特退后几步,白兰特感到非常尴尬。林肯总统就对他说:"白兰特先生,你得原谅他们,也许他们分辨不出谁是总统了。"

在白兰特尴尬难堪之际,林肯及时用他的幽默解决了这个难题。事实上,人们都知道幽默的价值是什么,幽默的价值在于能够让人发笑,能够使人愉快,能够使对方产生好感,就跟林肯所做的一样。许多领袖惯于利用这一手法，他们经常因为能够引人发笑而受人好评，幽默实际上已经成为领袖们认同的驾驭别人的主要方式之一了。

关于这一点，我们能从前美国驻意大利的大使佛莱丘身上找到一个明显的证明。事实上，佛莱丘本人就曾戏言此事："我完成了两件事情：一是网罗了一群人，从而获得了外交上的胜利，二是凭借此事也教训了一个人。"

此事的由来是因为，当时美国为了避免突发的战事，撤回了原驻智利公使，改派佛莱丘接任，所以他在危难之际前去智利了。当他到了那儿的时候，他的朋友巴西公使就带他去当地有名的俱乐部，把他介绍给智利的社会名流，可是那些人却无意跟他握手。

甚至还有一个人表示，他非常欢迎佛莱丘本人，但对他身上的美国代表头衔却不感兴趣。这个人不知道佛莱丘懂得西班牙语，就回头用西班牙语对一个朋友说："至少说到他的国家，我可是连一根美国鞋带都不愿购买。"

当时，佛莱丘一语不发，等到最后，当他觉得机会来了的时候，他才用西班牙语对在场的众人说：

"先生们！我觉得我此行的任务已经失败了。当今我们的外交目的之一就是要改善两国间的贸易关系。然而现在，我已经无能为力了。因为我到这儿来的第一天，我就不幸得知本国的鞋带市场，已经被人诋毁得体无完肤了。"

那些事事敏感的拉美听众，听了佛莱丘用他们的语言发言后惊异不已，再加上他又如此幽默，不禁开怀大笑。他们回过头来拿他们的同胞寻开心了，还欢迎这位来自美国的尊贵客人加入他们俱乐部的活动。

从此，那位对美国不敬的人，成了美国最友好的朋友和拥护者之一，再加上圣地亚哥富商的努力，双方僵持许久的问题很快得到了解决。

在这件事情中，佛莱丘虽然让那些智利人拿自己的同胞当笑话，可是他反而因为嘲笑了别人得到了人们的好感，就连那个被嘲笑的人都成了他的朋友。很明显，并不是因为那个人自己也觉得好笑，而是因为他已经接受了教训。

但是，如果幽默没有选对对象，那同样也可以伤害一个人，甚至能败坏一件事，这是众所周知的。我们嬉笑，大多是因为有某事、某物，或是某人引起我们发笑，其中对人的时候要多一些。

譬如：当小孩子看到大人摔倒了，他会大笑不止；大人物的漫画被我们看到，我们会乐不可支。诸如此类，只要是笑，一定会有引发它的东西。

当我们感到可笑的时候，无形中就提高了对方的自我，让他赢得了我们的笑声，让他也拥有自得的快感。

有些人并不了解幽默的价值，这应该是他们一生中重大的遗憾，所以他们常常因为无意的嘲讽而遭人讨厌。事实上，最有效的攻击他人自我的方法，即是拿他作为笑料，讽刺他，嘲笑他。

机智的人往往借用它来嘲弄曾经陷害过他们的人，也借此制服反对他们的人。不过，这种幽默并不是善意的，所以也不太容易获得他人好感。

林肯所使用的就是能博得他人好感的幽默方式，也就是拿自己开玩笑以娱乐他人，这是许多领袖人物经常使用的策略。因为嘲笑自己绝不会引起冲突，而在我们被取笑的时候，如果也和大家一起大笑，也一样可以达到相同的效果。

另外一种善意的幽默，可以从下面这则事实中得到印证。某年夏天，柯立芝去黑山避暑，他召开了一个记者招待会，宣布七月四日是他的生日，他还将在此日举行盛大的宴会，邀请在座记者也届时参加。

记者们非常高兴，于是有人问他到时候是不是要放烟花。柯立芝眨了眨眼，回答道："哦！不！我们还是把它留给记者去吧！"柯立芝虽然拿记者开了玩笑，但这种玩笑却是善意的，虽笑而不谑。

这样的幽默之所以能够让人产生好感，就是因为它能为被取笑者着想。我们要善用幽默，就必须谨慎用词。千万不要因为戏谑别人而使他们的心理受到伤害，那只会让你后悔莫及。

只有善意的幽默才能让人感到愉悦和轻松，它不但能够维持人与人之间的良好关系，还能使紧张的气氛缓和下来。

第三节　会说话造就好人生

谈话前要先了解对方

我们应当了解世上千人百态，各个不同。他们的不同之处即在于每个人都是一个独立鲜活的生命体。人与人之间的差异之处，如果我们能加以细细的考察、探究，我们就一定能通过交谈把它们轻松地转化为能供我们利用的资源。

每个人的特征也是形成人类生活的部分，或者全部。它们是人性范围中必有的事情，不管是人类所言、所想、所行，或者其他的一切事情，包括个人的性情、嗜好、见解，以及偏见，都全在人性的范围之内。

20世纪初，在一个宴会上，刚从国外回来，准备参加1912年总统选举的罗斯福看到许多素不相识的人。当然啦，这些人肯定是认识他这个大人物的，只不过由于身份和地位的差异，他们对他的态度表现得很平淡而已。

罗斯福见宴会上的这些陌生人并没有对他表示友好的意思，便靠近坐在自己身边的路斯·瓦特先生的耳边轻声说："路斯·瓦特，请你把坐在我对面的所有宾客的大概情况都对我说一点。"于是，路斯·瓦特博士就把那些人的个性和特点都简略介绍了一番。

通过路斯·瓦特博士的讲解，罗斯福已经粗略地了解了那些素昧平生的人物，包括他们个人最得意的是什么事，都做过什么事业，还有他们喜欢什么等。

接下来，罗斯福针对每个人准备好了切实的谈话内容，和这些陌生人进行了充分的沟通。由此我们不难看出，罗斯福的交际手腕是多么高明，他不厌其烦地预先探知那些素不相识的人的概况，只是为了要赢得他们的信服。

不过，如此一来，他的谈话立刻引起了在座者的兴趣，使他们感到罗斯福是平易近人的，并在不知不觉中对他产生了好感。著名的新闻记者马克逊曾说：

对于每一个前来谒见自己的人，罗斯福在他们进来之前，就已经探知好了他们的一切情形。罗斯福深知，大多数人都有一些自负。因此，向他们表示相当的赞赏、推崇，让他们感到自己对他们的一切都很清楚，并且将他们铭记在心，这是取得对方好感的不二法门。

在众多策略中最简易的，就是让对方感到我们对他们所感兴趣的、与他们切身相关的事物，都有足够的认识。那些伟大的领袖人物就经常使用这种既简单又重要的策略。

当然啦，每个人之间都是有差异的，在使用这种策略时，我们也要因人而异，针对不同的人，采取不同的策略。

曾有人将我们活动的宇宙空间，人类的生活范围，比喻为"人类的游乐场"，这真是一个有趣的比喻。那些杰出人物的过人之处，就在于他们能把那些和自己素不相识的人变成自己的朋友、支持者。

然而，那些新朋友的来源，大半都是他们积极地将自己投身于"人类的游乐场"，以便接触外界不同性格、不同兴趣的人。卡莱在刚刚出任美国钢铁公司的领袖的时候，感到了前所未有的压力，因为他的同事们不但不支持他，反而处处与他为难，使卡莱在工作上非常被动。

卡莱觉得这种局面不能再持续下去了，他决定以主动的态度来解决这个问题。他觉得应该先探索自己不受欢迎的原因，再与同事们培养感情，然后得到他们的鼎力合作，使公司的业务蒸蒸日上。

卡莱到底是如何解决这个难题的呢？其实说起来也并不复杂，卡莱在写给同事们的有关业务方面的信件中，经常穿插一些私人性的谈话内容。

他在每一封信中，都附写上一两行与收信人的喜好相关的事情，或是他们最盼望的事情，或问候他们的家人和朋友，或回忆一下和他们上次会谈时的情形。

卡莱的策略大获成功，并最终让他在事业上取得了骄人的成绩。其实，我们只需采取一些非常简单的方法，就能让对方感到我们对他的关心，可是这种策略的效果，却往往令人非常惊奇。

总而言之，要想获得他人的接纳和合作，我们就必须事先了解对方的兴趣、个人嗜好。我们要经常牢记他人的名字、嗜好、习惯，牢记他们曾经做过的那些事情，以及他们所推崇的人物，甚至包括他们缺少什么或需要什么等等。

我们须不厌其烦地向他人表示，对他们所感兴趣的那些事情，我们也有着同样的关切之情；同时还要让对方了解到自己已略懂这方面的知识，同时也很重视它。

对于那些特别重要的人士，或者是个性特殊的人物，我们更是要事先探知他们的偏好，或想尽办法来引起对方对我们产生注意。而在应付一个集团或是一个地区的事件时，我们应该时时表露自己对他们的风俗习惯，是非常敬重的，并且很愿意学会当地的一两种风俗习惯，以便身体力行地来表示我们的敬意。

当美国前总统威尔逊刚刚就任新泽西州的州长之时，曾经参加了一次纽约南社的午宴，宴会的主席对大家介绍说："威尔逊将成为未来的美国总统。"

当然啦，主席先生是不可能有这样的预测力的，这不过是他的溢美之词而已。于是威尔逊在称颂之下登上了讲台，简短的开场白之后，他对众人说：

我希望自己不要像从前别人给我讲的故事中的人物一样。在加拿大，一群游客正在溪边垂钓，其中有一名叫作强森的人，大着胆子饮用了某种具有危险性的酒。他喝了不少这种酒，然后就和同伴们准备搭火车回去了，可是他并没有搭北上的火车，反而是坐上了南下的火车。于是，同伴们急着找他回来，就给南下的那趟火车的列车长发去电报："请将一位名叫强森的矮个子送往北上的火车，他已经喝醉了。"很快，他们就收到了列车长的回电："请将其特征描述得再详细些。本列车上有十三名醉酒的乘客，他们既不知道自己的姓名，也不知道自己的目的地。"而我威尔逊，虽然知道自己的姓名，却不能像你们的主席先生一样，确知我将来的目的地在哪里。

在座的客人一听都哄然大笑起来，宴会的气氛亦一下子变得愉快和活跃起来。那些因听了威尔逊的故事而发笑的人，大多都认为，能够让人捧腹大笑的趣闻，通常都是源自说笑话的人的自我打趣。但是，听众之中却很少有人明白威尔逊所说的故事其实正是根据他们曾经经历过的事情改编的。

难道威尔逊的用意仅仅是为了博人一笑吗？当然不是，事实上他是运用了一种最有力的方式获取他人对他表示善意和支持的态度，而且也把在这之前的隔阂消除了。威尔逊的这个策略就是牺牲个人的"自我"，以提升他人的"自我"。

要知道，所有非凡的人才，都会在和民众接近之时，故意拿自己开玩笑或是不惜批评自己，以便让民众感到轻松和愉快。至少在他说话的当时，民众会感到自己比他优越，因而民众就会普遍地激起同情、爱护和支持的感情。

华盛顿在位的时候，他的副总统陶卫斯也是位很能吸引民众的人。为了拓展自己的势力范围，也为了使副总统职位更具权威，他同样运用了多种决策。其中的一个窍门就是：时常在众人面前讲述他做副总统时发生的各种趣事。

华盛顿本人也不是没有这种轶闻。有一天，他正在大厅里对大家发表演讲，他突然发现听众对他的发言的反应不太对劲，他马上改变话题，给大家讲了一则"偷鸡的故事"，内容当然又是拿自己的同类作牺牲品，这则趣事很快引起听众的兴趣，所以才最终博得了意外的成功。

美国航务局前主任先生诺士凯，本是一名广告设计师。据传闻，有一次他故意以非常谦逊的言语，恭维一个对他很有成见的理事会。他对他们说："各位，我是一个广告人，而且还是个犹太人。……所以，你们最好提防我……"

诸如此类非常有用的策略，一般人是很少能够运用得当的。泛泛之辈们总是极力炫耀自己的才能，还时不时嘲笑他人，或者急于辩白自己并不是一个凡人。可是真正有才能的领袖人物，正如我们在前面提到的一样，他们的眼光放得非常长远，他们的目的就是要驾驭别人，扩张自己的势力。所以他们常常使用的策略就是让别人略占优势。

著名的商店经理马克希南曾经说过："男人、女人不过都是'长大的小孩'而已。"这句话可以作为领袖人物的座右铭。深知这句话的内涵的人都应该知道，大人物对待民众，就应当像对待小孩子一样。对于自己，则无论何时何地都把自己看作次要的。他真正值得高兴的，应该是别人内心的真正感受。

卡耐基指出，如果我们只是要在别人面前表现自己，使别人对我们感兴趣的话，我们将永远不会有许多真实而诚挚的朋友。真正的朋友，不是以这种方法来交往的。

拿破仑试过这种方法，在他跟约瑟芬最后一次见面的时候，他说："约瑟芬，我是世界上有史以来最幸运的人；但是，在此刻，你是世界上唯一能够依赖的人。"而历史怀疑他是否真的能够依赖她。

已故的维也纳著名心理学家亚佛·亚德勒，写过一本叫作《人生对你的意识》的书。在那本书中，他说："不对别人感兴趣的人，他一生中的困难最多，对别人的伤害也最大。所有人类的失败，都出自于这种人。"

你也许读过几十本有关心理学的书籍，还没见到一句对你我来说更有意义的话，亚德勒这句话意义太深长了。

有一次，卡耐基在纽约大学选修一门短篇小说写作课程，在课程中，柯里尔杂志的主编到班上讲课。他说，他拿起每天送到他桌上的数十篇小说，只要读几段，就能感觉出作者是否喜欢别人。"如果作者不喜欢别人，"他说，"别人就不会喜欢他的小说。"

这位激动的主编，在讲授小说写作的过程中说："我现在所告诉你们的，跟你们的牧师所告诉你们的，是完全相同的东西。但是，请记住，你必须对别人感兴趣，如果你要成为一名成功的小说家的话。"如果小说写作真是如此，可以肯定，待人处世尤其是如此。

舒曼·海恩克夫人对卡耐基说过类似的话。即使饥饿和伤心，即使生活中充满这么多的悲剧，曾使她有一度差点杀死自己和她的孩子。即使这么不幸，她一直唱下去，终于成为有史以来最卓越的华格纳歌唱者。她坦白地说，她成功的秘诀之一是，对别人无限地感兴趣。

如果我们要交朋友，就要以高兴和热诚的心情去迎接别人。当别人打电话给你的时候，也可利用同样的心理学。说话的声音，要显出你多么高兴他打电话给你。

早年的纽约电话公司开了一门课,训练他们的接线生在说"请问您要拨几号"的时候,首先要说:"早安,我很高兴为您服务。"我们明天接电话的时候,别忘了这点。

对别人显示你的兴趣,不但可以让你交到许多朋友,更可以为你的公司增加客户的信任感。在纽约,一家北美国家银行出版的刊物中,登出一位客户梅得兰·罗丝黛的信:

我真希望您知道我是多么欣赏您的职员。每一个人都是如此有礼、热心。在排了长时间的队之后,有位职员亲切地跟你打招呼,真是令人感到愉快。

去年我母亲住了五个月的院。我经常碰到一位职员玛依·派翠西萝,她很关心我母亲,还问了她的近况。

罗丝黛是否会继续和这家银行往来,实在是不用怀疑了。查尔斯·华特尔,属于纽约市一家大银行,奉命写一篇有关某一公司的机密报告。他知道某一个人拥有他非常需要的资料。

于是,华特尔先生去见那个人,他是一家大工业公司的董事长。当华特尔先生被迎进董事长的办公室时,一个秘书从门边探头出来,告诉董事长,她这天没有什么邮票可给他。

"我在为我那十二岁的儿子搜集邮票。"董事长对华特尔解释。华特尔先生说明他的来意,开始提出问题。董事长的说法含糊、概括、模棱两可。他不想把心里的话说出来,无论怎样好言相劝都没有效果。这次见面的时间很短,没有实际效果。

"坦白说,我当时不知道怎么办。"华特尔先生说,他把这件事在卡耐基班上提出来:接着,我想起他的秘书对他说的话:"邮票,十二岁的儿子……"我也想起我们银行的国外部门搜集邮票的事:"从来自世界各地的信件上取下来的邮票。"

第二天早上,我再去找他,传话进去,我有一些邮票要送给他的孩子。于是我受到非常热烈的欢迎。他满脸带着笑意,客气得很。"我的乔治将会喜欢这些,"他不停地说,一面抚弄着那些邮票。"瞧这张!这是一张无价之宝。"

我们花了一个小时谈论邮票，瞧瞧他儿子的照片，然后他又花了一个多小时，把我所想要知道的资料全都告诉我，我甚至都没提议他那么做，他把他所知道的，全都告诉了我，然后叫他的下属进来，问他们一些问题。他还打电话给他的一些同行，把一些事实、数字、报告和信件，全部告诉我。以一位新闻记者的话语来说，我大有所获。

说话时要注意对方的自尊

我们与别人谈话，目的是要双方达到一致，绝不是要制造不愉快，引起对方仇视，树立人生的敌人。因此，在与他人的谈话中，切勿伤害他人的自尊。

唐·散塔瑞里是美国宾州威明市一所职业学校的老师，他有一个学生因非法停车而堵住了学院的一个入口。有一位导师冲进教室，以非常凶悍的口吻问道："是谁的车堵住了车道？"当车主回答时，那位导师吼道："你马上给我开走，否则我就把它绑上铁链拖走。"

这位学生是错了，车子不应该停在那儿。但从那天起，不止这位学生对那位导师的举止感到愤怒，全班的学生都与他过不去，使得他的工作更加不愉快。

他原本可以用完全不同的方式处理的。假如他友善一点地问："车道上的车是谁的？"并建议说，"如果把它开走，那别的车就可以进出了。"这位学生一定会很乐意地把它开走。而且他和他的同学也不会那么生气了。

我们在生活中都是顾及自己的脸面的。因此，一句或两句体谅的话，对他人的态度表示一种宽容都可以减少对别人的伤害，保住他的面子。

几年以前，通用电器公司面临一项需要慎重处理的工作：免除查尔斯·史坦恩梅兹担任的某一部门的主管。史坦恩梅兹在电器方面有超过别人的天才，但担任计算部门主管却遭到彻底的失败。

不过，公司却不敢冒犯他，公司绝对少不了他，而他又十分敏感。于是他们给了他一个新头衔，让他担任通用电器公司顾问工程师，工作还是和以前一样，只是换了一项新头衔，并让其他人担任部门主管。

对这一调动，史坦恩梅兹十分高兴。通用公司的高级人员也很高兴。他们已温和地调动了这位最暴躁的大牌明星职员的工作，而且他们的做法并没有引起一场大风暴，因为他们让他保住了面子。

让他有面子！这是多么重要，多么极端重要呀，而我们却很少有人想到这一点！我们残酷地抹杀他人的感觉，又自以为是；我们在其他人面前批评一位小孩或员工，找差错，发出威胁，甚至不去考虑是否伤害到别人的自尊。

然而，一两分钟的思考，一句或两句体谅的话，对他人的态度作宽容地了解，都可以减少对别人的伤害。"下一次，我们在辞退一个佣人或员工时，应该记住这一点。"卡耐基引用会计师马歇尔·格兰格写给他的一封信的内容来说明：

开除员工并不是很有趣，被开除更是没趣。我们的工作是有季节性的，因此，在三月份，我们必须让许多人走路。

没有人乐于动斧头，这已成了我们这一行业的格言。因此，我们演变成一种习俗，尽可能快点把这件事处理掉。通常是依照下列方式进行："请坐，史密斯先生，这一季已经过去了，我们似乎再也没有更多的工作交给你处理。当然，毕竟你也明白，你只是受雇在最忙的季节里帮忙而已。"等等。

这些话给他们带来失望以及"受遗弃"的感觉。他们之中的多数人一生从事会计工作，对于这么快就抛弃他们的公司，当然不会怀有特别的爱心。

我最近决定以稍微圆滑和体谅的方式，来遣散我们公司的多余人员。因此，我在仔细考虑他们每人在冬天里的工作表现之后，一一把他们叫进来。

我是这样对他们说的："史密斯先生，你的工作表现很好。那次我们派你到纽华克去，真是一项很艰苦的任务。你遭遇了一些困难，但处理得很妥当，我们希望你知道，公司很以你为荣。你对这一行业很精通。不管你到哪里工作，都会有很光明远大的前途。公司对你有信心，支持你，我们希望你不要忘记！"

结果呢？尽管他们离开了公司，但对于自己的被解雇感觉轻多了，他们不会觉得"受遗弃"。他们知道，如果我们有工作给他们的话，我们会把他们留下来。以后只要我们需要，他们还会来投效我们。

在卡耐基课程的一个学期，二位学员讨论挑剔错误的负面效果和让人保留面子的正面效果。宾州哈里斯堡的佛瑞·克拉克提供了一件发生在他公司里的事：

在我们的一次生产会议中，一位副董事以一种非常尖锐的口气，质问一位生产监督，这位监督是管理生产过程的。

他的语调充满攻击的味道，而且明显地就是要指出那位监督在工作方式上的不当。为了不愿在他攻击面前被羞辱，这位监督的回答含混不清。这一来更使得副董事发起火来，他严斥这位监督，并说他说谎。

这次遭遇之前所有的工作成绩，都毁于这一刻。这位监督，本来是位很好的雇员，从那一刻起，他对我们公司来说已经没有用了。几个月后，他离开了我们公司，为另一家竞争的公司工作。据我所知，他在那儿非常称职。

另一位学员，安娜·马佐尼提供了与上述情形非常相似的一件事，所不同的是处理方式和结果。能上能下的马佐尼小姐，是一位食品包装业的市场行销专家，她的第一份工作是一项新产品的市场测试。她告诉班上同学说：

当结果回来时，我可真惨了。更糟的是，在下次开会提出这次计划的报告之前，我没有时间去跟我的老板讨论。

轮到我报告时，我真是怕得发抖。我尽了全力不使自己精神崩溃，而且知道我绝不能哭，不能让那些以为女人太情绪化而无法担任行政业务的人找到借口。我的报告很简短，只说因为发生了一个错误，我在下次会议前，会重新研究。

我坐下后，心想老板定会批评我一顿。但是，他却谢谢我的工作，并强调在一个新计划中犯错并不是很稀奇的。而且他有信心，第二次的普查会更确实，对公司更有意义。

散会之后，我的思想纷乱，我下定决心，我绝不会再一次让我的老板失望。

卡耐基认为，假使我们是对的，别人绝对是错的，我们也会因让别人丢脸而毁了他的自我。传奇性的法国飞行先锋和作家安托安娜·德·圣苏荷依写过："我没有权利去做或说任何事以贬抑一个人的自尊。重要的并不是我觉得他怎么样，而是人觉得他自己如何，伤害人的自尊是一种罪行。"

远在1909年，风度优雅的布洛亲王就觉得这么做极有必要。布洛亲王当时是德国的总理大臣，而德国皇帝则是威廉二世。威廉二世是德国的最后一位皇帝，他傲慢而自大，他建立了一支陆军和海军，并夸口可征服全世界。

接着，一件令人惊异的事情发生了。这位德国皇帝说了一些狂言和一些令人难以置信的话，震撼了整个欧洲大陆，引起了全世界各地一连串的风潮。

更为糟糕的是，这位德国皇帝竟然公开这些愚蠢自大、荒谬无理的话。他在英国做客时，就这么说，同时不允许伦敦的《每日电讯报》刊登他所说的话。

这位德国皇帝宣称他是和英国友好的唯一德国人。他说，他建立一支海军对抗日本的威胁；他说，他独自一人挽救了英国，使英国免于臣服苏俄和法国之下；他说，由于他的策划，使得英国罗伯特爵士得以在南非打败波尔人；等等。

在一百多年的和平时期，从没有一位欧洲君主说过如此令人惊异的话。整个欧洲大陆立即愤怒起来，英国尤其愤怒，德国政治家惊恐万分。

在这种狼狈的情况下，德国皇帝自己也慌张了，并向身为帝国总理大臣的布洛亲王建议，由他来承担一切的责难，希望布洛亲王宣布这全是他的责任，是他建议君王说出这些令人难以相信的话。

"但是，陛下，"布洛亲王说，"这对我来说，几乎不可能。全德国和英国，没有人会相信我有能力建议陛下说出这些话。"

布洛话一说出口，就明白犯了大错，皇帝大为恼火。"你认为我是一个蠢人，"他叫起来，"只会做些你自己不会犯的错事！"

布洛知道他应该先恭维几句，然后再提出批评；但既然已经太迟了，他只好采取次一步的最佳方法，即在批评之后，再予称赞。这种称赞经常会产生意想不到的效果。

"我绝没有这种意思，"他尊敬地回答，"陛下在许多方面皆胜我许多，而且最重要的是自然科学方面。在陛下解释晴雨计，或是无线电报，或是伦琴射线的时候，我经常是注意倾听，内心十分佩服，并觉得十分惭愧。对自然科学的每一门皆茫然无知，对物理学或化学毫无概念，甚至连解释最简单的自然现象的能力也没有。但是，"布洛亲王继续说，"为了补偿这方面的缺点，我学习了某些历史知识，以及一些可能在政治上，特别是外交上有帮助的学识。"

皇帝脸上露出微笑。布洛亲王赞扬他，并使自己显得谦卑，这已值得皇帝原谅一切。"我不是经常告诉你，"他热诚地宣称，"我们两人互补长短，就可闻名于世吗？我们应该团结在一起，我们应该如此！"

威廉二世和布洛亲王握手，他十分激动地握紧双拳说："如果任何人对我说布洛亲王的坏话，我就一拳头打在他的鼻子上。"

如果光是说几句贬抑自己而赞扬对方的话，就能使一位傲慢孤僻的德国皇帝变成一位坚固的友人，那你就可想象得到，在我们日常事务中，谦卑和赞扬对你我的帮助将有多大。如果运用得当，它们在做人处世中将可制造真正的奇迹。

选择正确的说话时机

在人际交往中，谈话作为考察人品的一个重要标准，也是人们交流感情，增进了解的主要手段。如何说好话，是一门艺术。

有的人谈起话来滔滔不绝，容不得其他人插嘴；有的人为显示自己的伶牙俐齿，总是喜欢用夸张的语气来谈话，甚至不惜危言耸听；有的人以自己为中心，完全不顾他人的喜怒哀乐，一天到晚谈的只有自己。这些人说话的内容不论如何精彩，但如果时机掌握不好，也无法达到说话的目的。因为听者的内心，往往随着时间变化而变化。

要想使别人愿意听你的话，或者接受你的观点，就要选择适当的时机说。说话要选择时机是非常重要的。但何时才是这"决定性的瞬间"，怎样判断并抓住,并没有一定的规则,主要是看对话时的具体情况,凭你的经验和感觉而定。

具有高明演说技巧的人,往往能很快地发现听众所感兴趣的话题,同时能够伺机开口,说得适时适地,恰到好处。也就是说,能把听众想要听的事情,在他们想要听的时候,以适当的方式说出来。这不但要说到别人的心坎上,还要利用这个时机,巧妙地表达出自己的意思,达到办事的目的。

我国第一位现代舞拓荒者裕容龄,幼年时随外交官父母迁居巴黎,由于受旧礼俗困囿,一直不敢进言学舞的愿望。有一次,日本公使夫人到她家做客,问其母:"你家小姐怎不学跳舞呢?我们日本女孩都要学的。"

裕母不便拒绝,顺水推舟道:"往后再学吧!"裕容龄趁机进言了:"好!母亲,我今后就学日本舞跳给你看,好吗?"说罢,便换上衣服跳起了《鹤龟舞》,公使夫人夸赞不已,母亲也只好认可。裕容龄的进言成功,在于她抓住了时机。

生活中,许多人有一个共同的毛病,就是在不必要的场合中,把自己所有的话题,在一次机会中全部说完,等再需要他开口的时候,已无话可说了。即便是说,也是无味,既不形象生动,也不新鲜活泼,怎么能产生感人的力量呢?又怎么能进入或很快地进入角色呢?只有伺机而说,才能长时间地留在人们的记忆里。

在这个人际关系复杂的社会中,每个人都充当着一个重要的角色,你的话在什么时候说才是最有价值的,关键就在于你会不会选择适当的时机。

某宾馆服务员小罗第一天上班就被分配在酒店A楼5层做台班。由于刚经过3个月的岗前培训,她对工作充满信心,自我感觉良好,一上午的接待工作也还算顺手。

午后,电梯门打开,走出两位来自香港的客人。小罗立刻迎上前去,微笑着说:"您好先生。"

看过客人的住宿证后小罗接过他们的行李,边说:"欢迎入住本饭店,请跟我来。"

小罗领他们走进房间后，随手为他们倒了两杯茶，说："先生请用茶。"接着她开始一一介绍客房设备，这时一位客人说："知道了。"

但是小罗没有什么反应，仍然继续介绍着，还没说完，另一位客人从钱包里拿出一张百元人民币，不耐烦地递给小罗。

"不好意思，我们不收小费的。"小罗嘴上说着，心里却想，自己是一片好意，怎么会被误解了。这使小罗十分委屈，她说了一声："对不起，如果您有事就叫我，我先告退。"

电冰箱老化了，制冷效果很差。丈夫几次提出要买一个新的，都因妻子不同意而没有买成。中午，妻子对丈夫说："今天真热，你把冰箱里的冰棒给我拿一支来。"

丈夫打开冰箱说："冰棒都化了。"

"这个破冰箱！"妻子说。

"还是再买一个新的吧？"

妻子欣然同意了。到了商店，看中了一个冰箱，一问价格，要3000多元。

"太贵了，还是不买了吧。"妻子说。

"端午节快到了，天气这么热，单位分的肉和鱼往哪放？"丈夫说。

站在他们身边一直没有开口说话的营业员这时插入一句："这个冰箱是今夏销售最多的，您真有眼光！虽然贵点，但耗电省，容积大，而且质量上是绝对有保证的，从长远看还是很合算的。"

妻子听营业员这么说："那好，就买这个吧。"妻子终于同意了。

以上两则故事，都是在服务中与人交往的例子，可是她们却得到了不同的结果，小罗之所以被下了逐客令，原因就是小罗不善于观察时机，第一次客人说"知道了"的时候，就表示客人已经对小罗的说话不满了，而小罗却毫无感觉，到最后心里还想，自己完全出自一片好心怎么会被误解呢？

这是小罗表现好心的时机不对，如果小罗善于观察：两名客人也许刚下飞机很累，需要休息；或者他们是该酒店的长住客，对房间设施都十分熟悉。

在给客人倒过茶之后说上一句："还有什么需要我帮忙的吗？"如果客人

问小罗一些有关客房设备的问题,说明客人对该宾馆并不熟悉,这个时候小罗就可以将客房设备一一向客人说清楚。

如果客人对房间设施都十分熟悉,客人起码也会对小罗说一句:"不用了,谢谢。"这样说,不但会得到客人的感谢,还省了那么多口舌,何乐而不为呢?

而故事二中的营业员正是利用善于观察这一点,捕捉住了说话的时机,说中了购买者的担心,怕掏了那么多钱再买一个质量差的冰箱。所以营业员说这个冰箱是今夏售出去最多的,即便是营业员把这个冰箱说得再好,都不如一个顾客说冰箱好,营业员正是利用这一点,说了冰箱的销售情况,给这对夫妇一个"定心丸",并最终达到了目的。

把话在适当的时候说出来,并表达得体,是一门艺术。只有面对不同的语言环境随机应变,才能取得最佳的表达效果。孔子在《论语·季氏篇》里说:"言未及之而言谓之躁,言及之而不言谓之隐,不见颜色而言谓之瞽。"

不该说话的时候却说了,叫作急躁;应该说话了却不说,叫作隐瞒;不看对方脸色变化便贸然开口,叫闭着眼睛瞎说。这三种毛病都是没有把握住说话时机。

说话是直接的语言交往,从来就不是一个人的事,双方当场对面,还要受到周围环境的种种限制。该说话时不说,马上时过境迁,失去成功的机会。

一句话说到点儿上,很快拍板,事情就办成了。说话时机的把握,有时就在瞬息之间,稍纵即逝,时不待我,机不可失。因此,要把握说话的时机,把每一句都说到重点上,这要比掌握、运用其他说话技巧更重要。

清末光绪皇帝戊戌变法,在短短的103天中,光绪以康有为、梁启超等人做顾问,发出了40余道上谕,一揽子提出政治、经济、军事、文化各方面的改革,几乎说出了他们想到的所有问题:

改革行政机构,裁减衙门和官员;废除八股文,重定考试制度;取消各地书院,改设新式学校,学习西学;设立农工商总局,保护和奖励工商业;修订法律作为摆脱治外法权的开端;修筑铁路,开采矿产;实行军队、警察和邮政系统的现代化；准许自由创立报馆和学会；提倡上书言事；鼓励发明和出国留学……

光绪皇帝急匆匆把所有的话在百来天全盘说出，过大的动作招致了过多人的反对，把所有重要的利益集团都得罪了。

《韩非子》说："事以密成，语以泄败。"西谚也云："如同选择食物一样，说话也要选择。"话要见机而说，简洁而说，否则多余的一句话，会惹来不必要的麻烦。不必说而说是多说，不当说而说便是非，因此要懂得伺机说话，才不会招致怨尤；懂得伺机而说，是智者的表现。

尽快传出你手中的球

一些青年学生常常诉说：他们在约会的时候老是不能保证交谈生动有趣。其实，这本来是一个非常易于掌握的技巧问题：问一些需要回答的话，这样谈话就能持续不断。

但是，如果你只问："天气挺好的，是吗？"对方用一句话就可以回答了："是啊，天气真不错！"有一回，马克·吐温一天之中听了12遍完全相同的问题，"天气真好，是不是，克列门斯先生？"最后，他只好回答说："是啊，我已经听别人把这一点夸到家了。"

"天气真好，是不是？"这也许是一个会产生僵局的提问，但是回答却不一定都会导致僵局。不管怎么说，大家还是关心天气的，否则电视台的新闻节目也不会花上好几分钟来播放预告，而且还要用图表来说明了。如果感觉到很难让你的谈话对象开口畅谈，不妨用下列问句来引导："为什么……？""你认为怎样才能……？""你怎么正……？""你如何解释……？""你能不能举个例子？""如何""什么""为什么"是提问的三件法宝。当然，如果回答还是个僵局，那就和提问是僵局一样，交谈仍然无法进一步展开。你必须尽一切努力把球保持在传达之中，而不使它停在某一点。有时，你的谈话对象一开始不同你呼应，那也许是他还有些拘束，也许是他太冷漠，或者太迟钝，或者你根本没有接触到他感兴趣的话题。

在参加"派对"之前，如果能够从主人那里打听到一些邻座客人的情况，一定会对谈话有所帮助。不过，即使如此，也未必能确保对方一定开口，打破矜持的气氛。也许在用餐时，你不得不和一位高傲的律师同座，而你想方设法使他开口却没有办到。那也不要灰心，接着再试试。你提到非法越境进入美国的墨西哥人问题，他可能无动于衷。但你谈起肺呼吸潜水，也许他就很有兴趣。或许，你还可以提提鲸鱼的生活习性呢！

如果上述一切全部无效，你还有最后的一招。你可以碰翻一杯水，让水洒到他的腿上。要是这样都不能让他活跃起来，开口说话，那你至少可以借此发泄一下。耐尔·柯华爵士曾经这么说过：

我对于世界的重要性是微乎其微的，但从另一方面讲，我对于我自己却是非常重要的，我必须和自己一起工作，一起娱乐，一起分担忧愁和快乐。

这完全正确，人类总是以自我为中心的。如果你对这个最基本的人类本性已不再感到震惊，你就会懂得如何调节自己适应谈话了。坦率地说，和对方谈他们感兴趣的话题，实际上对你自己也是有益的，尽管他们所爱好的和你爱好的可能不尽相同。你可以先满足他们的自尊心，然后满足你自己的。

这是一种自嘲吗？完全不是。如果你能够谦恭诚恳地对待你的亲人和朋友，想象着他们对于你有多么重要，你就会发现他们在你生活中的意义的确不容忽视，同时你还会发现你自己对于他们也变得越来越重要了。

我们大家都期望能得到别人的赞扬，而且还会因此更加追求上进。总有一天，你会欣喜地认识到这样一个事实：任何一个看上去有缺陷、不聪明或反复无常的人身上都存在一些美好的东西。

心理分析专家认为精神病患者一旦开始对别人及其他自我之外的事物产生兴趣，就说明他已经进入康复阶段了。如果说关注自我到了一定程度就是疯狂的表现，那么可以说没有一个人是绝对正常的。

然而，我们愈是同他人交往，愈是给予而不是索取，那我们就会愈接近正常了。除此之外，你还会有一个收益：你越关心别人，别人也就越关心你；你越尊重别人，你也能更多地受到别人的尊重。

如果你能够真正对别人产生兴趣，这种兴趣会自然地溢于言表。你会和他分享甘苦，在他需要时竭力相助。你将发现别人教给你的东西要远远超过你能教给别人的。所以，请不要犹疑，尽快传出你手中的球，保持传递，让别人接住，传回来。你传递的技巧越好，这场游戏就越生动有趣。

好话人人喜欢听

鲁迅曾说过，如果有人提议在房子墙壁上开个窗口，势必会遭到众人的反对，窗口肯定开不成。可是如果提议把房顶扒掉，众人则会相应退让，同意开个窗口。

当你说服一个人的时候，提议"把房顶扒掉"，对方心中的"秤砣"就变小了，对于"墙壁上开个窗口"这个说服目标，就会顺利答应了。

冷热水效应可以用来劝说他人，如果你想让对方接受"一盆温水"，为了不使他拒绝，不妨先让他试试"冷水"的滋味，再将"温水"端上，如此他就会欣然接受了。

在说服别人的时候，说话语言一定要字斟句酌，你要通过自己的语言让对方觉得他是一个了不起的人，这样会达到意想不到的说服效果。

不管是在生活中还是在工作中，马屁精到哪都吃香，纵使什么事都不会做，照样能如鱼得水。是人都爱听好话，你嘴巴一张就能把人家捧得十万八千里高那就是本事了，在人家眼里你就是块料，说不定还给你封个"名嘴"的名号。

小陈是拉广告赞助的，他在拉广告方面很有一套。曾经有人就此事请教过他，他说："我一定要和对方见个面才使得出办法来，在电话里行不通。只要见个面，我就可以找出对方非接受不可的理由。"因此，很多不轻易出赞助的企业家只要碰到他，都只好"束手就擒"。

小陈用的方法是：想尽一切办法与对方见面，见面之后不提正事，先装作没事一般与对方话家常，尽量使话题愈谈愈投机，然后在适当的时候，说："你这样一提，使我想起了……问题，你认为如何？"

其实这个问题，他老早就放在心上了。对方中计发表意见之后，他就接着说："太好了！你的意见非常特别，就请你按照这个意见替贵公司宣传宣传吧！"这样一来，对方往往会答应了下来，因为要宣传的东西自己刚刚都已经说过了！

即使你没有做出什么要求，只要是表示自己的意见，也可以用这个方法。例如："对！你这样说，倒使我想起……"或是"正如你所说的……"等，先用对方的话，再引出自己的意见，可使对方认为自己是主角，会更容易接受你。

尤其是你想要说服对方时，这种技巧更为重要，因为若直截了当地提出，对方会有压迫感，但若使用对方用过的表现法，就完全不同了！

谈话时，即使主导权在于自己，也要不时地捧捧对方，从而成功地说服了对方。所以，当要说服别人的时候，你可以先捧一下对方，让他有一种想听与自豪感，这样会让其更愿意接受你的说服。

有一家人才派遣公司曾遇到一件事情，公司派遣的一些女性到顾客的公司任职，却总是无法按时下班。依照规定，这些被派遣的女职员乃是按时计酬，她们有固定的上下班时间，但该顾客公司总借以各种借口，让这些女职员无条件为其加班。

这些按时计酬的女职员，怎么会同意无条件为人加班呢？原来，该公司的负责主管是个相当厉害的角色，他善于恭维女职员，使她们不知不觉地任其役使。

这位主管首先对她们当日的工作表现称赞一番，然后说："由于超出预算，无法付太多的酬劳，能否再给予一些帮忙？"这些女职员受到了恭维，个个心花怒放，只要时间不是太长，是可以接受他的要求的。

无独有偶，有一位年轻导演在重拍镜头时，定会先赞美一下所有的工作人员："嗯！好极了，现在我们来个稍微夸张的演出。"经他这么一说，没有人会表示抗议，自然地就接受导演的指示。

可见，以温言软语来称赞他人，会让对方产生接纳的态度，从而顺从自己的意见与要求,这位年轻导演,就是利用这种人类心理来达到说服的目的。

作为一个领导,在指责员工时,如果直截了当地说:"你这么做不行。"很容易引起反感,打击员工士气。如果先说:"你最近的工作表现良好,我一直在注意你。"继而指出:"但关于那件事……"用此种口吻来说的话,不会使员工怒气冲天,他们也会谦虚地接受你的忠告。

要想说服对方做某件事,不妨先诚恳而恰如其分地恭维他几句,对方便能较为平和地接受。每一个人都喜欢听好话,我们何不利用这一点,给对方一点"糖",让对方接受自己呢?

如果你对一位男士说"您的发型真特别呀"!他一定会相信。但是如果你对他说:"先生,我们新设计的这种发型肯定更适合您",他通常会表示怀疑而犹豫不决。

在人际交往中,我们需要不时地说服别人接受我们的产品或者观点,让人们相信我们说的话是真的。一个成功的推销者总是能够说服别人。

其实,这并不难,只需要捧捧对方,给对方戴上一顶高帽子,使他们更加"虚荣",逐渐因得意忘形而落入说服者所设的陷阱内,使说服成功。

一般情况下,我们想说服对方时,常以"除你之外,再也没有更适当的人选了!"或"真亏是你,你这种当机立断的魄力,实在令人佩服!"等类似的赞美话语,来夸赞对方。

但是,如果你只是一味地赞美对方,他就会认为你是个专门逢迎他人的谄媚者,那样一来,你的马屁还真拍到马腿上了!因此,当你想使用这种方法来说服对方时,态度应自然而诚恳,也就是要不露痕迹地表演。

与其直截了当地以"除了你之外,再也没有别的人可以胜任这项任务了!"的言语来说服对方,还不如不露任何蛛丝马迹地说:"你看!A先生容易犯什么什么错,B先生有什么什么缺点,算来算去,除了你之外,再也找不出第二个人能接这项工作啦!"

捧对方时,要故意将对方的竞争者搬上舞台,并提出客观的观点,适当地替对方的虚荣心戴上一顶高帽子,如此一来,对方就不会以为是拍马屁了,反而心里沾沾自喜道:"嘿!说得也是!除了我之外,再也没人干得了啦!"

这一种加上附带条件来夸赞对方的说服术,运用这种方法,常能达到出人意料的效果。这种不着痕迹的阿谀对方的方法,还可举出对方所有的物品来赞美一番。

另外,还可以借对方不认识的第三者之名,以适当确切的言辞,捧对方一场,也可收到说服的目的。借第三者的力量来说服他时,其效果有下述的心理学上的背景:

一般来说,同样是赞美,但人们的心理喜欢陌生的第三者的赞美,胜于所认识的身边人物的夸奖。因此,如果告诉对方,有个陌生的第三者对他赞不绝口,他必然会感到光荣和兴奋。因为他认为除了自己所属的世界外,还有人承认自己的价值,这种"连陌生人都承认我的存在价值"的骄傲,满足了他的自我心理,因而产生应允对方说服内容的意欲。

当你欲向一位客户推销豪华轿车时,与其说破嘴皮子,告诉对方汽车的性能有多优良,外形有多美观,还不如告诉对方"某某大明星也开这一种车子"等类的话,来说服对方,成功率会比较高一些。这就是利用"第三者"的力量,抬高对方的自尊心或虚荣心,以达到说服的目的。

人人都爱听好听的话。所以,在你说服某人的时候,不妨先选择好听的语言让对方"美"一下,然后再顺理成章地说出你的建议,这样会很容易达到说服的目的。

说话要明白对方所需

美国成功学家卡耐基每年夏天都到缅因州钓鱼。他个人喜欢草莓和乳脂作饵料,但鱼儿较喜欢小虫。因此,每次去钓鱼,他不想自己所要的,想的是鱼儿所要的。卡耐基的鱼钩上不装草莓和乳脂,他在鱼儿面前垂下一只小虫或蚱蜢,说:"你不想吃吃这个吗?"

为什么要谈论我们所要的呢?这是孩子气荒谬的想法。当然,你感兴趣的是你所要的,你永远对自己所要的感兴趣,但别人并不对你所要的感兴趣。

其他的人，正跟你一样，只对他们所要的感兴趣。因此，唯一能影响别人的方法，是谈论他所要的，教他怎样去得到。这是值得记住的一点，不论你是对待小孩子，或牛，或黑猩猩。

有一天，爱默生和他的儿子要把一头小牛赶入牛棚，但他们犯了一个一般人所犯的错误，即只想到他们所要的：爱默生在后面推，他儿子在前面拉。但那头小牛所做的正跟他们所做的一样，它所想的只是它所要的。因此牛蹬紧双腿，顽固地不肯离开原地。

那位爱尔兰女仆看到了他们的困境，她虽不会著书立说，但至少在这一次，她比爱默生拥有更多关于牛马的知识。她想到了那只小牛所要的，因此她把她的拇指放入小牛的口中，让小牛吮着手指，同时轻轻地把它引入牛棚。

从你出生之后，你的所作所为，都是因为你有所需求。你那次为什么捐给红十字会一百美元？因为你要助别人一臂之力，因为你要表现一种美好的、不自私的、神圣的行为。"既然你把这件事行诸我们的兄弟身上，等于就是行诸我的身上。"

如果你对行善的感觉比不上你对那一百美元的喜爱，你便不会有那次的捐赠了。当然，你捐钱可能是因为你不好意思拒绝，或你的一名主顾请你这么做。但有一点是可以确定的，你捐赠是因为你需求什么。

安德鲁·卡内基，这个贫穷如洗的小孩，开始工作的时候每小时的工资是两分钱，最后捐赠了三亿六千五百万美元。他很早就学到，能影响别人的唯一方法，是以对方所要的观点来做。他只上过四年的学，但是他学到了如何对待别人。卡内基的嫂嫂，曾经为她那两个小孩担忧得生起病来。他们就读于耶鲁大学，为自己的事忙得没空写信回家，一点也不理会他们母亲写去的焦急信件。

于是卡内基提议打赌一百块钱，他不必要求回信，就可以获得回信。有人跟他打赌，于是他写了一封闲聊的信给他的侄儿，信后附带地说，他随信各送给他们五美金。但是，他并没有把钱附在信内。回信来了，谢谢"亲爱的安德鲁叔父"好心写去的信，当然你也可以猜出下一句写的是什么。

成功学家卡耐基班上一位同学，俄亥俄州克利夫兰市的史坦·诺瓦克提供了一个有说服力的例子。一天晚上他下班回家,发现他的小儿子第米躺在客厅地板上又哭又闹。

第米明天就要开始上幼儿园,但他却不肯去。要是在平时,史坦的反应就是把第米赶到房间里去,叫他最好还是决定去上幼儿园,当时他没有什么好选择的。但是在今天晚上,他认识到这样做无助于第米带着好心情去上幼儿园。

史坦坐下来想:"如果我是第米,我为什么会高兴地去上幼儿园?"他和他太太就列出了所有第米在幼儿园会喜欢做的事情,如用手指画画,唱歌,交新朋友。然后他们就采取行动:

我太太、莉莉、我另一个儿子包布,以及我开始在厨房里的桌子上画指画,而且真正享受其中的乐趣。要不了多长时间,第米就在墙角偷看,然后他就要求参加。

"不行,你必须先到幼儿园学习怎样画指画。"我以最大的热忱,以他能够听懂的话,把我和我太太在表上列出的事项解释给他听,告诉他所有他会在幼儿园里得到的乐趣。第二天早晨,我以为我是全家第一个起床的人。我走下楼来,发现第米坐着睡在客厅的椅子里。

"你怎么睡在这里呢?"我问他。"我等着去上幼儿园。我不想迟到。"我们全家的热忱已经在第米心里引起了一种极欲得到的需要,而这是讨论或威胁恐吓所不能做到的。

明天,也许你会劝说别人做些什么事情。在你开口之前,先停下来问:"我如何使他心甘情愿地做这件事呢?"这个问题,可以使我们不至于冒失地、毫无结果地去跟别人谈论我们的愿望。

卡耐基曾亲身经历过这样一件事。他曾向纽约某家饭店租用大舞厅,每一季用二十个晚上,举办一系列的讲课。在某一季开始的时候,他突然接到通知,说他必须付出几乎比以前高出三倍的租金。卡耐基得到这个通知的时候,入场券已经印好,发出去了,而且所有的通告都已经公布了。当然,卡耐基不想付这笔增加的租金,可是跟饭店的人谈论不要什么,是没有什么用的,他们只对他们所要的感兴趣。因此,几天之后,他去见饭店的经理。

"收到你的信，我有点吃惊，"卡耐基说，"但是我根本不怪你。如果我是你，我也可能发出一封类似的信。你身为饭店的经理，有责任尽可能地使收入增加。如果你不这样做，你将会丢掉现在的职位。现在，我们拿出一张纸来，把你可能得到的利弊列出来，如果你坚持要增加租金的话。"

然后，卡耐基取出一张信纸，在中间画一条线，一边写着"利"，另一边写着"弊"。他在"利"这边的下面写下这些字："舞厅空下来"。卡耐基接着说：你有把舞厅租给别人开舞会或开大会的好处，这是一个很大的好处，因为像这类的活动，比租给人家当讲课场所增加不少收入。如果我把你的舞厅占用二十个晚上来讲课，对你当然是一笔不小的损失。

现在，我们来考虑坏处方面。第一，你不但不能从我这儿增加收入，反而会减少你的收入。事实上，你将一点收入也没有，因为我无法支付你所要求的租金，我只好被逼到别的地方去开这些课。

第二，这些课程吸引了不少受过教育、修养高的民众到你的饭店来。这对你是一个很好的宣传，不是吗？

事实上，如果你花费五千美元在报上登广告的话，也无法像我的这些课程能吸引这么多的人来看看你的饭店。这对一家饭店来讲，不是价值很大吗？

卡耐基一面说，一面把这两项坏处写在"弊"的下面，然后把纸递给饭店的经理，说："我希望你好好考虑你可能得到的利弊，然后告诉我你的最后决定。"

第二天，卡耐基收到一封信，通知他租金只涨百分之五十，而不是百分之三百。在这里，卡耐基没有说一句他所要的，就得到这个减租的结果。卡耐基一直都是谈论对方所要的，以及他如何能得到他所要的。

假设卡耐基做出平常一般人所做的，怒气冲冲地冲到经理办公室说："你这是什么意思，明明知道我的入场券已经印好，通知已经发出，却要增加我三倍的租金？岂有此理！"

那么情形会怎样呢？一场争论就会如火如荼地展开，而你们知道争论会带来什么后果。甚至即使卡耐基能够使他相信他是错误的，他的自尊心也会使他很难屈服和让步。

说话要尽量避免争论

美国南北战争期间,最著名的报人哈利斯·葛里莱激烈地反对林肯的政策,他相信以论战、嘲弄、辱骂就能使林肯同意他的看法。他发起攻击,日复一日,年复一年。

就在林肯遇刺的那天晚上,葛里莱还发表了一篇尖刻、粗暴地攻击林肯的文章。那些尖厉的攻讦使得林肯同意葛里莱了吗?一点也没有。嘲弄和辱骂是永远不能使人信服的。如果你想知道一些有关做人处世、控制自己、增进品格的理想建议,不妨看看本杰明·富兰克林的自传。

本杰明·富兰克林的自传是最引人入胜的传记之一,也是美国的一本古典名著。在这本自传中,富兰克林叙述他如何克服好辩的坏习惯,使他成为美国历史上最能干、最和善、最圆滑的外交家。

有一天,当富兰克林还是个毛躁的年轻人时,一位教友会的老朋友把他叫到一旁,尖刻地训斥了他一顿,情形大致如下:

你真是无可救药。你已经打击了每一位和你意见不同的人。你的意见变得太珍贵了,使得没有人承受得起。你的朋友发觉,如果你不在场,他们会自在得多。你知道得太多了,没有人能再教你什么;没有人打算告诉你些什么,因为那样会吃力不讨好,又弄得不愉快。因此你不可能再吸收新知识了,但你的旧知识又很有限。

富兰克林接受了那次惨痛的教训。当时,他已经够成熟、够明智,以致能领悟也能发觉他正面临社交失败的命运,他立即改掉傲慢、粗野的习性。富兰克林说:我立下了一条规矩,绝不正面反对别人的意见,也不准自己太武断。我甚至不准许自己在文字或语言上措辞太肯定。我不说"当然""无疑"等,而改用"我想""我假设"或"我想象"一件事该这样或那样;或者"目前在我看来是如此"。

当别人陈述一件我不以为然的事时,我绝不立刻驳斥他,或立即指出他的错误。我会在回答的时候，表示在某些条件和情况下，他的意见没有错，但在目前这件事上，看来好像稍有不同等等。

我很快就领会到改变态度的收获，凡是我参与的谈话，气氛都融洽得多了。我以谦虚的态度来表达自己的意见，不但容易被接受，更减少一些冲突；我发现自己有错时，也没有什么难堪的场面，而我碰巧是对的时候，更能使对方不固执己见而赞同我。

我一开始采用这套方法时，确实觉得和我的本性相冲突，但久而久之就愈变愈容易，成为我的习惯了。也许五十年以来，没有人听我讲过些什么太武断的话。我在正直品性支持下的这个习惯，是我在提出新法案或修改旧条文时，能得到同胞重视，并且在成为民众协会的一员后，能具有相当影响力的重要原因。因为我并不善于辞令，更谈不上雄辩，遣词用字也很迟疑，还会说错话；但一般说来，我的意见还是得到了广泛的支持。

如果把富兰克林的方法用在商场上，效果如何呢？卡耐基举了三个例子。北卡罗来纳州的凯塞琳·亚尔佛瑞德是一家纺纱工厂的工业工程督导，她报告了她在接受训练前后如何处理一个敏感问题的经历，她报告说：

我的职责的一部分是设计及保持各种激励员工的办法和标准，以使作业员能够生产出更多的纱线，而她们也能赚到更多的钱。在我们只生产两三种不同纱线的时候，我们所用的办法还很不错，但是最近我们扩大产品项目和生产能量，以便生产十二种以上不同种类的纱线，原来的办法便不能以作业员的工作量而给予她们合理的报酬，因此也就不能激励她们增加生产量。

我已经设计出一个新的办法，使我们能够根据每一个作业员在任何一段时间里所生产出来的纱线的等级，给予她适当的报酬。

设计出这套新办法之后，我参加了一个会议，决心要向厂里的高级职员证明我的办法是正确的。我详细地说明他们过去用的办法是错误的，并指出他们不能给予作业员公平待遇的地方，以及我为他们所准备的解决办法。

但是，我完全失败了。我太忙于为我的新办法辩护，而没有留下余地，让他们能够不失面子地承认老办法上的错误，于是我的建议也就胎死腹中。

在参加这个训练几堂课之后,我就深深地了解了我所犯的错误。我请求召开另一次会议,而在这一次会议之中,我请他们说出问题到底出在什么地方。

我们讨论每一个要点,并请他们说出最好的解决办法。在适当的时候,我以低调的建议引导他们按照我的意思把办法提出来。等到会议终止的时候,实际上也就等于是我把我的办法提出来,而他们也热烈地接受这个办法。

我现在深信,如果你率直地指出某一个人不对,不但得不到好的效果,而且还会造成很大的损害。你指责别人只是剥夺了别人的自尊,并且使自己成为不受欢迎的人。

纽约自由街一一四号的麦哈尼,专门经销石油业者使用的特殊工具,他接受了长岛一位重要主顾的一批订单。蓝图呈上去,得到了批准,工具开始制造了。接着,一件不幸的事情发生了。那位买主和朋友们谈起这件事,他们都警告他,说他犯了一个大错,他被骗了,一切都错了。太宽了,太短了,太这个,太那个。他的朋友们把他说得发火了,他打了一个电话给麦哈尼先生,发誓绝不接受已经开始制造的那批器材。麦哈尼事后说:

我仔细地查验过了,确知我方无误,我知道他和他的朋友们都不知所云。可是我觉得,如果这么告诉他,将很危险。我到长岛去见他,一走进他的办公室,他立刻跳起,朝我一个箭步走过来。他激动得很,一面说一面挥舞着拳头。他指责我和我的器材,结束的时候他说:"好吧,你现在要怎么办?"

我非常心平气和地告诉他,我愿意照他的任何意思去办。"你是花钱买东西的人,你当然应该得到合你用的东西,可是总得有人负责才行。如果你认为自己是对的,请给我一幅制造蓝图,虽然旧案已经花了两千块钱,但我们愿意负担这笔损失。为了使你满意,我们宁可牺牲两千块钱。但是,我得先提醒你,如果我们照你坚持的做法,你必须负起这个责任。但如果你放手让我们照原定计划进行,那我们可向你保证绝对负责。"

他这时平静下来了,最后说:"好吧,照计划进行,但若是错了,上天保佑你吧。"结果没有错,于是他答应我,本季还要向我订两批相似的货。

当那位主顾侮辱我,在我面前挥舞拳头,说我外行的时候,我真的需要最高度的自制力才不会和他争论，以维护自己。这的确需要极度的自制，但结果很值得。要是我说他错了，开始争辩起来，很可能要打一场官司，感情破裂，损失一笔钱，失去一位重要的主顾。的确，我深信指出别人错了是划不来的。

克洛里是纽约泰勒木材公司的推销员，他承认，多年来，他总是明白地指出那些脾气大的木材检验人员的错误。他虽然赢得了辩论，可是一点好处也没有。"因为那些检验员，"克洛里说，"和棒球裁判一样，一旦判决下去，绝不肯更改。"克洛里看出，他虽口舌获胜，却使公司损失了成千上万的金钱。因此，在卡耐基班上上课的时候，他决定改变技巧，不再与人争辩了。以下是他在班上的报告：

有一天早上，我办公室的电话响了。一位焦躁愤怒的主顾，在电话那头抱怨我们运去的一车木材完全不合乎他们的规格，他的公司已经下令车子停止卸货，请我们立刻安排把木材搬回去。在木材卸下四分之一车之后，他们的木材检验员报告说，百分之五十五不合规格。在这种情况下，他们拒绝接受。

我立刻动身到对方的工厂去。途中，我一直在寻找一个解决问题的最佳办法。通常，在那种情形下，我会以我的工作经验和知识，引用木材等级规则，来说服他的检验员，那批木材超出了水准。然而，我又想，还是把课堂上学到的做人处世原则运用一番看看。

我到了工厂，发现购料主任和检验员闷闷不乐，一副等着抬杠吵架的姿态。我们走到卸货的卡车，我要求他们继续卸货，让我看看情形如何。我请检验员继续把不合规格的木料挑出来，把合格的放到另一堆。

事情进行了一会儿，我才知道，原来他的检查太严格，而且也把检验规则弄拧了。那批木料是白松，虽然我知道那位检验员对硬木的知识很丰富，但检验白松却不够格，经验也不多。白松碰巧是我最内行的，但我对检验员评定白松等级的方式提出反对意见吗？绝对没有。我继续观看，慢慢地开始问他某些木料不合标准的理由何在，我一点也没有暗示他检查错了。我强调，我请教他，只是希望以后送货时，能确实满足他们公司的要求。

以一种非常友好而合作的语气请教他，并且坚持要他把不满意的部分挑出来，使他高兴起来，于是我们之间的剑拔弩张情绪开始松弛消散了。偶尔我小心地提问几句，让他自己觉得有些不能接受的木料可能是合乎规格的，也使他觉得他们的价格只能要求这种货色。但是，我非常小心，不让他认为我有意为难他。

渐渐地，他的整个态度改观了。最后他坦白承认，他对白松木的经验不多，并且问我从车上搬下来的白松板的问题。

我就对他解释为什么那些松板都合乎检验规格，而且仍然坚持，如果他还认为不合用，我们不要他收下。他终于到了每挑出一块不合用的木材，就有罪恶感的地步。最后他看出，错误是在他们自己没有指明他们所需要的是多好的等级。最后的结果是，在我走了之后，他重新把卸下的木料检验一遍，全部接受了，于是我们收到了一张全额支票。

单以这件事来说，运用一点小技巧，以及尽量制止自己指出别人的错误，就可以使我们公司在实质上减少一大笔现金的损失，而我们所获得的良好关系，则非金钱所能衡量。

有人问和平运动者马丁·路德·金，为何如此崇拜美国当时官阶最高的黑人军官但尼尔·詹姆士将军，金博士回答说："我判断别人是根据他们的原则来判断，不是根据我自己的原则。"

同样的，在美国南北战争的时候，罗勃·李将军有一次在南部邦联总统杰佛生·戴维斯面前，以极为赞誉的语气谈到他属下的一位军官。

在场的另一位军官大为惊讶。他说："你知道吗？你刚才大为赞扬的那位军官，可是你的死敌呀，他一有机会就会恶毒地攻击你。""是的，"李将军回答说，"但是总统问的是我对他的看法，不是问他对我的看法。"

两千年以前，耶稣说过："尽快同意反对你的人。"在耶稣出生的两千年前，埃及阿克图国王给他儿子一些精明的忠告："圆滑一些，它可使你予求予取。"如要使别人同意你，请尊重别人的意见，切勿指出对方错了。

卡耐基认为，十之八九，争论的结果会使双方比以前更相信自己是绝对正确的，你赢不了争论。要是输了，当然你就输了；如果你赢了，还是输了。

为什么？如果你的胜利，使对方的论点被攻击得千疮百孔，证明他一无是处,那又怎么样?你会觉得洋洋自得。但他呢?你使他自惭。你伤了他的自尊,他会怨恨你的胜利。而且,"一个人即使口服,但心里并不服。"欧哈瑞先生是纽约怀德汽车公司的明星推销员。他怎么成功?这是他的说法:

如果我现在走进顾客的办公室,而对方说:"什么?怀德卡车?不好!你送我我都不要,我要的是何赛的卡车。"我会说:"老兄,何赛的货色的确不错。买他们的卡车绝对错不了。何赛的车是优良公司的产品,业务员也相当优秀。"

这样他就无话可说了,没有争论的余地。如果他说何赛的车子最好,我说不错,他只有住口。他总不能在我同意他的看法后,还说一下午的"何赛的车子最好"。接着我们不再谈何赛,我就开始介绍怀德的优点。

当年若是听到他那种话,我早就气得不行了。我会开始挑何赛的错;我愈批评别的车子不好,对方就愈说它好;愈是辩论,对方就愈喜欢我的竞争对手的产品。现在回忆起来,真不知道过去是怎么干推销工作的。我一生中花了不少时间在争辩,我现在守口如瓶了。实践证明,果然有效。

正如睿智的班杰明·富兰克林所说的:"如果你老是争辩、反驳,也许偶尔能获胜;但那是空洞的胜利,因为你永远得不到对方的好感。"因此,你自己要衡量一下:你宁愿要那样一种字面上的、表面上的胜利,还是别人对你的好感?

你在争论中可能有理,但要想改变别人的主意,你就得顺着他的话说,不然,你想的一切都是徒劳。美国威尔逊总统任内的财政部长威廉·麦肯铎,将多年政治生涯获得的经验,归结为一句话:"靠辩论不可能使无知的人服气。"

卡耐基进一步说明,据他本人的经验,不论对方聪明才智如何,你也不可能靠辩论改变任何人的想法。在《点点滴滴》一书中的一篇文章,提出了怎样使不同的意见不成为争论焦点的建议:

(1)欢迎不同的意见。记住这一句话:"当两个人意见总是不同的时候,其中之一就不需要了。"如果有些地方你没有想到,而有人提出来的话,你就应该衷心感谢。不同的意见是你避免重大错误的最好机会。

（2）不要相信你直觉的印象，当有人提出不同意见的时候，你第一个自然的反应是自卫。你要慎重，保持平静，并且小心你的直觉反应。这可能是你最差劲的地方，而不是最好的地方。

（3）控制你的脾气。记住，你可以根据一个人在什么情况下发脾气的情形，来测定这个人的肚量和成就究竟有多大。

（4）先听为上，让你的反对者有说话的机会。让他们把话说完，不要抗拒、防护或争辩。否则的话，只会增加彼此沟通的障碍。努力建立了解的桥梁，不要再加深误解。

（5）寻找同意的地方。在你听完了反对者的话以后，首先去想你同意的意见。

（6）要诚实承认你的错误，并且老实地说出来，为你的错误道歉。这样可以有助于解除反对者的武装和减少他们的防卫。

（7）同意仔细考虑反对者的意见，同意出于真心。你的反对者提出的意见可能是对的，在这时，同意考虑他们的意见是比较明智的做法。如果等到反对者对你说："我们早就要告诉你了，可是你就是不听。"那你就难堪了。

（8）为反对者关心你的事情而真诚地感谢他们。任何肯花时间表达不同意见的人，必然和你一样对同一件事情感到关心。把他们当作要帮助你的人，或许就可以把你的反对者转变为你的朋友。

（9）延缓采取行动，让双方都有时间把问题考虑清楚。建议当天稍后或第二天再举行会议，这样所有的事实才可能都考虑到了。

在准备举行下一次会议的时候，要问问自己："反对者的意见，可不可能是对的？还是有部分是对的？他们的立场或理由是不是有道理？我的反应到底在减轻问题还是只不过是在减轻一些挫折感而已？我的反应会使我的反对者远离我还是亲近我？我的反应会不会提高别人对我的评价？我将会胜利还是失败？如果我胜利了，我将要付出什么样的代价？如果我不说话，不同的意见就会消失吗？这个难题会不会是我的一次机会？"

歌剧男高音真·皮尔士的婚姻差不多有五十年之久了。一次他说:"我太太和我在很久以前就订下了协议,不论我们对对方如何愤怒不满,我们都一直遵守着这项协议。这项协议是:当一个人大吼的时候,另一个人就应该静听。因为当两个人都大吼的时候,就没有沟通可言了,有的只是噪声和震动。"

请记住这一条规则:如果一个人的心里对你已经满怀恶意和冲突,你搬出各家各派的逻辑学,也没法使他信服。挑剔的父母,盛气凌人的上司和丈夫以及唠叨的太太们都要了解,人们不喜欢改变自己的看法,他们不可能被强迫或被威胁而同意你我的观点,但他们会愿意接受我们和蔼而友善态度的开导。林肯在一百年前说过相同的话。以下是他的说法:一句古老而真实的格言说,"一滴蜜比一加仑胆汁,能捕到更多的苍蝇。"人也是如此,如果你要别人同意你的原则,就先使他相信你是他忠实的朋友。用一滴蜜赢得他的心,你就能使他走在理智的大道上了。"

认识到"一滴蜂蜜比一加仑胆汁,能捕到更多的苍蝇"的人,日常行为中也会显示出温和友善的态度。玛利兰州路德维尔市的盖尔·康纳就证明了这句话的正确。有一次他买了一辆新车子,却在四个月以内三次把车子送进汽车经销商的保养场里去。他在卡耐基班上说:很明显,和保养场里的经理谈话、讲理,或指责他,都不可能使我的问题得到满意的解决。

我走到汽车展售室,要求见他们的老板怀特先生。稍微等了一会儿,我在引导之下走进了他的办公室。先自我介绍一番,向他说明我之所以向他的公司买下一辆车子,是因为朋友的推介。

他们都曾经向他买过车子,说车子的价格很公道,服务也很好。他听到我这些话后,就满意地微笑起来。然后我再说明我跟他的保养场之间的问题。我进一步向他指出,"我想你一定极为关心可能有损你良好商誉的事情。"

他表示感谢我把这件事情告诉他,并且向我保证我的问题一定会获得解决。他不但亲自去过问这件事情,而且还在我的车子送修的时候,把他自己的车子借给我用。

仁厚、友善及称赞比任何暴力更易改变别人的心意。因此,我们在做任何事情时都要从友善开始,谨慎地与别人发生直接的争论,将使你的处世艺术进一步提高。

所得税顾问派生为了一笔不该收所得税的款子,和税务稽核整整争论了一个小时,那位稽核傲慢而又顽固。派生决定不再同他理论,改变了另一个话题。他说:"比起其他要你处理的重要的事情来,这件事实在不足挂齿。我也研究过税务问题,但那是书本上的死知识,你的知识却是从实践中来的。有时,我也真想有份像你这样的工作。"

这下,稽核在椅子上伸直了身子,开始和派生谈他的工作,态度慢慢地友善起来。三天后,派生收到了他的电话,说是那笔所得税决定不征了。

这位稽核要的是一种重要人物的感觉。派生越和他争论,他越要强调职务上的权威。一旦承认了他的权威,争论自然偃旗息鼓了,而他,也同样变成了一位有宽容态度和同情心的人。

由此可见,真正赢得胜利的方法不是争论。争论要不得,甚至连最不露痕迹的争论也要不得。如果你老是抬杠、反驳,即使偶尔获得胜利,却永远得不到对方的好感。能不衡量一下吗?是要口头上的、表面的胜利,还是要别人对你的好感?

林肯有一次斥责一位和同事发生激烈争吵的青年军官。他说:"任何决心想有所作为的人,绝不肯在私人争执上耗费时间。在跟别人正误参半的问题上,你要多让一点步;如果你确实是对的,就少让一点步。总之,不能失去自制。与其跟狗争道,被它咬一口,不如让它先走。就算宰了它,也治不好你的咬伤。"

会说话赢得人生财富

很多人都知道,无论在职场还是在商场上,都有"先声夺人""一诺千金"之说。拙嘴笨舌,词不达意,会使人到处碰壁,寸步难行;巧舌如簧,口吐莲花,会使你柳暗花明,左右逢源。

善于说话,会让你赢得生意上的财富。可见,在现代社会的竞争中,对于一个有实力的人而言，是否会说话直接影响其成功与失败。然而，现实中很少有人把"会说话"当作一项财富去努力追求。

在美国的某个地方，居民们有这样一个生活习惯，就是在喝可可时放上鸡蛋。据说有两个相邻很近的茶室，生意逐渐兴旺的那家，每当顾客到来时，总是问在饮料里放一个鸡蛋还是放两个鸡蛋，而生意萧条的那一家问的则是要不要放鸡蛋，许多顾客都回答不要鸡蛋。这两家老板说话方式的不同，导致了两种截然不同的经营状况。

在这个世界上，成功与失败之间有时仅仅是一步之遥。"恰当的话语"就是一笔财富，它能够在实践中转化成大把的钞票。

在商场上，语言能力是非常重要的。可以说谈生意的每一个环节都离不开嘴，每一次交易都不亚于一场外交活动。采购需要说动卖方，销售需要说动买方，争得利益需要讨价还价，双方或多方合作需要谈判。这些都需要张嘴去"说"，缺少语言，没有一定的沟通艺术都是不行的。所以，商人这个职业多半也是靠嘴的。

有人分析"商"字是"八口"撞开大门，此话虽然有点牵强，但也不能说没有一点道理。因此有人说"好胳膊好腿，不如长个好嘴"。也就是说在某种情况下，"好嘴"能比"好胳膊好腿"创造更大更多的价值。因此，对于生意人来说，善于说话是非常重要的。

在现今这个社会中，精通说话的技巧，会使你拥有万夫当关，一夫能开的不同寻常的能力；让你八面玲珑，编织起一张巨大的人际网络，为自己赢得取之不尽、用之不竭的人际关系资源；会使你在强大的生意对手面前侃侃而谈，口若悬河而又滴水不漏。

语言不仅是一门学问，更是一门综合性的艺术。如果掌握了这门艺术，不但可以使你在人际关系中如鱼得水、左右逢源，说不定你这张"好嘴"真能起到不可估量的经济效益！

有这样一个例子：在某公司举办的产品展销会上，几个年轻的营销人员用非常专业的术语详细地向消费者介绍了公司产品的原料、配方、性能以及使用方法，给人们带去了业务精通的印象。他们在回答消费者提出的各种问题的时候表现出的反应相当快，可以说是对答如流，他们幽默风趣的谈吐，给人留下了难忘的印象。

消费者问："你们公司的产品真如广告上所说的那样好吗？"一位营销人员立即回答说："您试过之后的感觉会比广告上说得好。"

消费者又问："如果买回去，用过以后感觉不像你们说的那么好怎么办？"另一位营销人员笑着说："不，我们相信您的感觉。"

结果可想而知，这次展销会获得了成功。不但产品的销量超过往次，更重要的一点就是大大提升了产品的品牌知名度。公司经理在召开的总结会上特别强调，是营销人员的语言训练有素促成了这次展销活动。同时，他要求公司的全体人员都应该像营销人员那样，在"说话"上下一番工夫。

语言交流是任何商场活动的开端，这个头开得好与坏，直接关系到生意的成败。一般来说，话说得恰到好处，就会把与客户之间的距离拉近，生意就可能成功。

有一位营销人员到一家商场推销产品，而接待他的是商场经理，对方一开口，这位营销人员就马上听出口音，说："听口音您是北京人。"

商场经理点点头，问道："您也是北京人吗？"这位营销人员笑着回答："不，但我与北京人的感情很好，一听到北京口音就感到十分亲切。"

于是商场经理很客气地接待了这位营销人员，生意也谈得非常顺利。如果话说得不得体，就会让人听了不容易接受，给别人的第一印象就不好，自然也谈不上后面的洽谈生意了。那么，作为一名商场中人，因为职业的关系，说话必须要注意掌握好分寸，说什么话，什么时间说，怎么说，是不同于日常生活的语言交流的，一定要有点职业特点。

诚然，口才在社交公关中是以沟通为目的的，而商业谈判是以赢利为目的的。但是，在一些特殊情况下，沟通还要发挥其他的作用，它能为我们带来生意财富。英国有一句谚语：一张能说的嘴是取之不尽的财富。认真想一下，把这句话用在商人身上是再恰当不过的了。可以毫不夸张地说，沟通的好坏直接左右商人的钱包。

对于处在市场经济中心地带的老板们来说，善言巧说者生意兴隆，顾客盈门，心想事成；而那些拙嘴笨腮者则财路不畅，门可罗雀，每况愈下。

其实，这样强调说话的重要性绝不是偶然的，这是商人们在长期的实践中的经验总结。所以，不管是已经泛舟商海的商家，还是有志于从事经商活动的新人，都不得不在训练自己的沟通技巧上下一番苦功。

当然，要学会商场上的语言艺术的确是一件非常不容易的事。就像酒桌上大家喝酒一样，有人说，我不会喝酒，其实不对，任何人都会喝，只不过是喝多喝少，能不能承受的问题。

有人说，我不会说话，也不对，除了有语言障碍之外都会说话，只不过是你说得是不是场合，是不是时机，是不是对象，有没有艺术，能不能达到说话的目的。因此，我们说商场语言是一门综合艺术。

那么，究竟如何才能提高自己的说话水平呢？首先，因为商人的沟通口语化的特点很明显，因此，如果老板想提高自己谈生意的技巧，那么就必须注重实践中的不断积累和切身体会。

相信那些亲自与顾客打过交道的老板都深有体会。同样的意思，但就是不同的说话方式就有可能产生截然相反的结果，本来应该是皆大欢喜的一笔生意，后来却要闹得不欢而散，得罪了顾客，这是老板们最忌讳的。你要明白的是，只有和气才能生财，这就要看你怎么说话了。

其次，自身的说话技巧是必不可少的。谁都不是生而知之的，任何一个人的语言表达能力，都取决于后天的自身努力和环境的影响。好的沟通技巧是训练出来的，许多世界知名的大师，比如丘吉尔、萧伯纳、林肯等，开始的时候都是连说话都紧张得结结巴巴，但是他们都是凭借坚忍不拔的意志，刻苦磨炼，最终才成功的。

在这个"商场如战场"的社会中，每个生意人都希望掌握精良的武器，使自己得心应手，马到成功。拥有好的说话技巧，就等于拥有了一把驰骋商场的利剑，让你在生意场上游刃有余，获得财富，取得成功。

会说话促进事业成功

在现今社会中,语言能力是一个现代人才必备的素质之一。说话技巧,是衡量一个人学识的标尺,是展示一个人形象的平台,是通往事业成功的重要因素。凭着它往往能赢得领导、老师、同学、朋友的青睐;能给你的学习、生活、工作带来许多方便。

说话艺术不仅仅是一门学问,还是你赢得事业成功的资本。拥有良好的说话技巧,就可以促使你事业成功。所谓的说话艺术,就是口语表达的才能,即善于用口语准确、贴切、生动地表达自己思想感情的一种能力。有的人讲话闪烁着真知灼见,给人以深邃、精辟、睿智、风趣之感,他们必然成为社交场合上的佼佼者。

春秋战国时代,君主崇尚口才,天下学者俊士趋之若鹜,蔚然成风。以在秦国推行连横策略的游说家张仪为例,他就颇懂得舌头的珍贵。

他初到楚国当说客时,一天,碰巧相国家丢失玉璧,主人咬定他是窃贼,将其严刑拷打后逐出家门。回家后,妻子叹着气说:"你若不读书游说的话,怎么会遭到这样的奇耻大辱呢?"

谁知张仪并无愠怒之色,答非所问地道:"你看看我的舌头还在吗?"张仪听说舌头还在,舒了一口气说"够了"。因为他懂得舌头在,就有飞黄腾达的希望。后来,他真的扶摇直上,当上了"一人之下,万人之上"的相国。

可以说,一个人能否成功,往往决定于某一次的谈话。在富兰克林的自传中,有这样一段话:我在约束我自己的时候,曾做过一张美德检查表来对照我的言行。

当初那表上只列着12种美德。后来,有一个朋友告诉我,说我有些骄傲,这种骄傲常在谈话中表现出来,使人觉得盛气凌人。于是我立刻注意这位友人给我的忠告,我相信这样足以影响我的前途,然后我在表上特别列上虚心一项,我决定尽力避免一切直接触犯别人感情的话,甚至禁止自己使用一切确定的词句,像"当然""一定""不消说"……而以"也许""我想""仿佛"……来代替。

富兰克林又说:"说话和事业的进行有很大的关系,你如出言不慎,你如跟别人争辩,那么,你将不可能获得别人的同情,别人的合作,别人的助力。"这是事实,是千真万确的,一个人事业的成败,常会在一次谈话中获得效果。所以,你想获得事业上的成功,必须具有能够应付一切的沟通技巧,只有善于沟通,才会有成功的事业。

尽管我们每天都在与人交谈,但是有时候,与人交谈,特别是与陌生人交谈,会是一种令人望而生畏的挑战。不善于交谈的人会打着"少说话让你远离是非"的幌子,来掩盖自己在这方面的不足。但事实上呢,大多数事业成功者都是成功的交谈者;而且,善于交谈的人往往会在事业上获得成功,这是不争的事实。

美国"名嘴"、CNN节目主持人拉里·金,曾与戈尔巴乔夫、克林顿、马龙·白兰度等名流交谈过,是一个"以说话为生"并取得极大成功的人。

在日本的一次国内电器订货会上,厂家同销售方的谈判不仅互不相让,而且相互指责挑剔。双方剑拔弩张,态度生硬,找不到共同点,使得订货会无法收场。万般无奈之下,只好延长一天。

第二天,松下幸之助一进会场,就走到销售团体面前,诚恳地低下头说:"一切都是我们不对。"销售商们一时愣住了。松下接着说:"大约30年前,我们制造了灯泡,为了让诸位都买,我曾一一拜访过你们。坦率地说,产品质量还不能算优秀。因此,诸位对我们强行推销的做法面有难色,但是,我请求大家关照,给我们一个争取产品质量在同行中名列前茅的机会。你们听了我的表白,终于理解了我,同意为我们代销。托大家的福,现在松下电器生产的灯泡已经名副其实位居同行之首,公司也因此得到了很大的发展。

"这本来是应该时刻铭记的,但是在这次会议上,我们却同诸位争吵不休,讨价还价,就在这一瞬间,把诸位对我的帮助忘记了。实在对不起,从今天起,我悔过自新,从头做起,因此还请诸位多多关照。"

松下这番话立刻转变了会场气氛。许多销售公司代表为松下的真情所感动,纷纷与之签约。这不仅使当年松下电器公司创下了创业以来的最高销售额,而且松下公司成为众多销售公司最可信赖的合作伙伴,为松下公司开辟了跻身于世界著名大公司的道路。

松下幸之助之所以会获得这些成就,与其说话技巧有着密切的联系。应该说,赢利是每一位商人的目的,与销售商建立良好的关系也是他们所希望的,而这两者又有着利益冲突,如何解决这个矛盾呢?松下幸之助给了我们一个很满意的答案,那就是说话。也许松下幸之助说的这番话的原意并不是真的想让利给销售方,但实际却收到了这样的效果,并最终感动了销售商们,缩短了彼此的距离,同时也增进了彼此的信任。

人才也许不是演讲大师,但善于说话的人必定是人才,并且有机会成为杰出的人才。说话是现代智能型人才的基本素质,思维敏捷、能言善辩是事业成功的保障。

一个善于说话的人,必定具有敏锐的观察力。只有这样,说出话来才能一针见血,准确地反映事物的本质;其次,还必须有严密的思维能力,懂得怎样分析、判断和推理,说出话来才能滴水不漏,有条有理;最后,还必须有流畅的表达能力,间接来说,知识渊博,话才能说得生动流畅。

正因为说话具有综合能力的特征,所以说善于说话是知识的标志,是事业成功的阶梯。作为一个生活和成长在新时代的人,若要事业成功,善于说话是你必备的能力。

第二章
会办事

办事不是做事，做事是一种技能，办事是一种技巧。办事不是简单的做事，办事是处理人与人之间、事与事之间或人与事之间的关系。做什么事都有规则，有些规则是必须坚守的，但若一味照本宣科，不能融会贯通，就可能什么事都办不好。

第一节　逆境中办事法则

坚强来自强大的内心

人生若能像球赛，两旁有人欢呼加油，我们一定会更加振奋。有时我们饱受折磨，只想停下来大呼："我不干了。"如果此时有人给我们打气，该有多好。

然而人生毕竟不是球赛，反倒像个战场，你没有观众和啦啦队，有的只是队友或竞争对手。我们都在生命中奋斗，知道如何行动的人不需要啦啦队，他的心里自有鼓励的声音。让自己的心鞭策自己向前进，这才是最可靠的。

中国女学生袁和为了理想，不畏艰难，与命运和病魔抗争的故事经校方的宣传与介绍，在哈佛引起了很大的轰动。许多学生激动地说："太令人感动了……""袁和是好样的，她给了我勇气……"

于是，校方利用这一契机，进行座谈，举办演讲，教育学生向袁和学习，为了知识和理想，不要惧怕任何困难。并且相信自己一定能成功。

袁和是一位来自上海的姑娘，为了能出国深造，她一边在街道工厂里靠糊纸盒赚钱，一边学习英语。她凭着顽强的毅力，通过了托福考试，被马萨诸塞州蒙特·荷里亚女子学院录取。

但是袁和刚到美国才两个月，就被医生诊断为癌症，且癌细胞已经转移。这位柔弱纤细的中国女孩，没有被死亡与不幸吓倒。她坚定地说：我还想读书，我要拿到硕士学位，这是我到这里来的目的。

按照经验，她只能再活半年，想要得到硕士学位，简直是一种美丽的幻想。袁和是清楚这一点的，但是她对自己说：我一定要坚持，我一定会胜利。

她仿佛忘记了自己是一个被现代医学宣判了死刑的人,她拼命地读书,把死亡当成自己生命的拐杖,倚着它,无所畏惧地前行。有一次她晕倒在宿舍里,在冰凉的地上,她整整昏迷了近10个小时。

尽管她也曾胆怯过、犹豫过,痛苦难耐时,也想放弃追求。但她战胜了自己,战胜了人的懦弱和绝望中自戕的念头。经过一年多时间的苦熬,与死神的抗争,袁和终于穿着长长的黑色学袍,一步步走上了学院礼堂的台阶,接过了院长亲手颁发的硕士学位证书。

教授们和那些来自不同国家的同学们,在台下为她鼓掌。人们从她身上看到了勇气,看到了无畏,看到了人格的力量。袁和并没有停止她生命的进程,她又决心以顽强的毅力去攻读博士学位。但是,没过多久,病魔便夺去了她年轻的生命。袁和的故事在许多大学引起了很大的震动。

《哈佛学报》评论说:袁和的一生是人类关于勇气的一课,是关于理想追求的一课。我们的校训历年提倡的,正是这样一种精神。

不要指望别人帮助你什么,只有自己才最可靠。要想成就事业,只有靠自己不懈努力才有可能成功。

在逆境中把握机遇

聪明人是绝不会钻牛角尖的,不会一条死胡同走到底。他们总会在适当的时候采用灵活手段,根据时机的不同采用不同办法。法国著名作家罗曼·罗兰也是因为逆境而改写了自己的一生。

1892年,罗曼·罗兰与巴黎上流社会的资产阶级小姐克洛蒂尔特·勃来亚结婚。由于社会地位不同,思想基础不一样,到1901年初,两人终于离异,结束了同床异梦的痛苦生活。告别了上流社会之后,罗曼·罗兰在经历了一段刻骨铭心的痛苦经历后,终于沉下心来开始了他梦寐以求的文艺创作。

他一个人住在简陋的公寓里,埋头写作,历经三年,发表了《约翰·克利斯朵夫》的第一卷,又过了九年,终于完成了这部宏伟巨著。试想,如果没有这段痛苦破碎的婚姻,罗曼·罗兰怎能有日后辉煌的成就呢?

为什么逆境也能够产生机会呢？因为顺境和逆境在一定的条件下是可以转化的。环境本身是无情的，但也是公正的，它对所有人都一视同仁。

环境虽然不以人的意志为转移，但是人对于环境却有主观能动性。每个人都可以努力去改变环境，到一定时候，逆境也可能转化为顺境，也就是说人在逆境的情况下，也可能获得成功的机会。

事实上，在机会出现的全过程中，顺境和逆境往往是交错出现的。今天碰到的顺境，明天有可能就成逆境，所以，要想抓住机会，必须能够在顺境中扬帆鼓浪，能够在逆境中避短扬长。

人们在生活面前有种种美好的向往，总是希望前面有着广阔的天地。然而，人生的道路不可能像长安街那样平坦笔直；成就功名不会像月下漫步那样轻松取得。只有你有一颗执着之心，逆境在你眼里，也会成为一种机会。

做大事坚忍第一

一个人要想摆脱逆境，必须靠坚忍的品格支撑自己，而坚忍就是霸者的品格力量。

许多人之所以不能成功的原因，就在于自己太脆弱，遇到难题就打退堂鼓，结果始终突破不了一道道难关。曾国藩特别擅长在各种逆境中磨砺自己的意志，多次提醒自己要坚忍起来。一个人要想摆脱逆境，必须靠坚忍的品格支撑自己，而坚忍就是霸者的品格力量。下面我们将围绕这一主题展开讨论。

决定一个人做事大小的关键，在于他的心胸狭隘还是广大！所谓怨气由心生，如果一味只为出口恶气而活，一定会毁掉自己的人生。曾国藩一直努力做好一切向前看的鸿鹄，在坚忍之途上不移初心，正如他所言："'胸怀'乃吾最阔之空。"

曾国藩崇尚坚忍卓绝之人物，而对富贵之人却持睥睨，如同司马迁一样，敬仰屈原、田光等坚忍行世的人物。因此，曾国藩的一生也是靠"坚忍"成事，但由于身份、修养的不同，还是有人不太理解的。譬如王闿运作《湘军志》，对曾国藩时有微词，主要的原因，就是认为他太坚忍、太慎重了。

客观来讲,曾国藩所持态度是绝对正确的。因为他所处的环境,当时虽是督师,实居客寄的地位。筹兵筹饷,一无实权,州县官都不听他的话,各省督抚又常常为难他,只有胡林翼是诚心帮他的忙。

湘军将士虽也拥戴他,可是他们的官级,有的比他还高,他好像一个统帅,当然是经不起败仗的。他的苦衷也绝非一般人所能相比了。我们来看他写给弟弟们的信:

> 兵勇抢劫旅台,此近来最坏风气,见奏明将万瑞书即行正法。闻骆中丞不欲杀之。近日意见不合,办事之难如此。
>
> 陈竹伯中丞办理军务,不惬人心,与余诸事亦多龃龉,凡共事和衷最不容易,澄弟尚在外办公事否?宜以余为戒!杜门不出,谢却一切。余食禄已久,不能不以回家之忧为忧,诸弟则尽可理乱不闻也。
>
> 带军之事,千难万难,澄弟温弟嗣后总以不带勇为妙。吾阅历二年,知此中构怨之事,造孽之端,不一而足。恨不得与诸弟当面一一缕述之也。

艰苦凄凉的遭遇,使得他在咸丰七年听到父亲死去的噩耗后,立刻率曾国华、曾国基回籍奔丧,大有急流勇退的意思。此次曾国藩弃军奔丧,已属不忠,此后又以复出作为要求实权的砝码,这与他平日所标榜的理学家面孔大相径庭。因此,招来了种种指责与非议,再次成为舆论的中心。朋友的规劝、指责,曾国藩还可以接受,如吴敏树致书曾国藩,谈道:

> 曾公本以父丧在籍,被朝命与办湖南防堵,遂与募勇起事。曾公之事,暴于天下,人皆知其有为而为,非从其利者。今贼未平,军未少息,而迭遭家故,犹望终制,盖其心诚有不能安者。曾公诚不可无是心,其有是心而非论言之者,人又知之……奏折中常以不填官衔致被指责,其心事明白,实非寻常所见。

好朋友罗汝怀也写信给曾国藩,指责他不应不分轻重缓急:

> 夫夺情之事，本出于变，而变之中又有轻重缓急之辨……且夫丧服者一身家之私事，丧乱者天下之公愤。人臣之身既致，且不得自遂其私……至并丧制而夺之，必事势之万无可已。故其事不及于位卑任轻之人。今以九重绮昺，四海属望，而下同乡闾之匹士，固守经曲之常轨，一再曰："两次夺情，从不平静"，岂足以为解手。

最令他难堪的是左宗棠一针见血的责难。曾国藩自知心亏理缺，无法辩解，只能忍耐。但左宗棠的所作所为，却使他一直耿耿于怀，在其后谈及此事时，仍感愤懑：我生平以诚自信，彼乃罪我欺，故此心不免耿耿。

在内外交困的情况下，曾国藩忧心忡忡，导致失眠。朋友欧阳兆熊深知病根所在，给他开了"意味深长"的两种药方，一为治病，二为治心。"歧、黄可医身病，黄、老可医心病。"欧阳兆熊借用黄、老来讽劝曾国藩，暗喻他过去所采取的铁血政策，未免有失偏颇。

朋友的规劝，不能不使其陷入深深的反思。经过多年的实践，曾国藩深深地意识到，仅凭他一人的力量，是无法扭转官场这种状况的，如若继续为官，那么唯一的途径，就是去学习、去适应。"吾往年在宫，与官场中落落不合，几至到处荆榛。此次改弦易辙，稍觉相安。"此一改变，说明曾国藩在宦海沉浮中，日趋世故了。

然而，认识的转变过程，如同经历炼狱再生一样，需要经历痛苦的自省。每当他自悟昨日的是与非时，常常为追忆昔日"愧悔"的情绪氛围所笼罩。因此，在家守制的日子里，曾国藩脾气很坏。常常因为小事迁怒诸弟，一年之中和曾国荃、曾国华、曾国葆都有过口角。

在三河镇战役中，曾国华遭遇不幸，这使曾国藩陷入深深的自责。在其后的家信中，他屡次检讨自己在家期间的所作所为。如，在咸丰八年十一月十二日的家信中写道：

> 去年在家，因小事而生嫌衅，实吾度量不宏，辞气不痘，

有以致之,实有愧于为兄之道。千愧万悔,夫复何言……去年我兄弟意见不合,今遭温弟之大变。和气致祥,乖气致戾,果有明证。

咸丰八年十二月初三日,又提道:

吾去年在家,以小事急成,所言皆锱铢细故。而今思之,不值一笑。负我温弟,既愧对我祖我父,悔恨何极!当竭力作文数首,以赎余薄愆,求沅弟写石刻碑……亦足以摅我心中抑郁悔恨之怀。

经历了一路的风风雨雨,曾国藩感悟了很多,已成为一位很好的涉途者。

退缩只能招致失败

西方谚语说,如果你不热烈地、坚强地希望成功,而一味退缩,退缩,再退缩,那么一定是世界末日将要来临了。据说拿破仑一上战场,士兵的力量可增加一倍。军队的战斗力,大半寓于士兵对将帅的信仰之中。将帅露出惊惶,全军必然要陷于混乱、动摇;将帅的自信,则可以加强他部下健儿的勇气。

人的各部分的精神能力,像军队一样,也应该信赖其主帅,也就是意志。有坚强的意志,有坚强的自信,往往使得平庸的男女也能够成就神奇的事业,成就那些虽然天分高、能力强,但是多疑虑与胆小的人所不敢染指尝试的事业。

你的成就大小,往往不会超出你自信心的大小。拿破仑的军队绝不会爬过阿尔卑斯山,假使拿破仑自己以为此事太难的话。同样,在你的一生中,绝不能成就重大的事业,假使你对自己的能力存着重大怀疑的话。

不热烈地、坚强地希望成功、期待成功而能取得成功,天下绝无此理。成功的先决条件,就是自信。在这世界上,有许多人,他们以为别人所有的种种幸福是不属于他们的，以为他们是无法得到的，以为他们是不能与那些鸿运高照的人相提并论的。

然而，他们不明白，这样缺乏自信，是会大大削弱自己的生命力的。假使他想他能够，他就能够；假使他想他不能够，他就不能够。当然，这一信心是要建立在客观规律的基础上，胡思乱想是不行的。

自信心是比金钱、势力、家世、亲友更有用的条件。它是人生可靠的资本，能使人努力克服困难，排除障碍，去争取胜利。对于事业的成功，它比什么东西都更有效。

假使我们去研究、分析一些有成就之人的奋斗史，我们可以看到，他们在起步时，一定是先有一个充分信任自己能力的坚强自信心。他们的心情意志坚定到任何困难艰险都不足以使他们怀疑、恐惧的程度。这样，他们就能所向无敌了。有人说过："假使我们自比于泥块，那我们将真的成为被人践踏的泥块。"

我们应该觉悟到"天生我材必有用"；觉悟到造物主育我，必有伟大的目的或意志，寄于我的生命中；万一我不能充分表现我的生命于至善的境地、至高的程度，对于世界将会是一个损失。

这种意识，一定可以使我们产生出伟大的力量和勇气来。同样，一个人的事业成就，也绝不会超过他自信所能达到的高度。

信念可以改变人生

如果你只要一分钱，你就只能得到一分钱；如果你想要充满喜悦和成功的人生，也同样会得到。在诺曼·卡曾斯所写的《一个病理的解剖》一书中，描述了一个关于20世纪最伟大的大提琴家之一卡萨尔斯的故事。这里有一则关于信念和更新的故事，我们都会从中得到启示：

他们会面的日子，恰在卡萨尔斯90大寿前不久。卡曾斯说，他实在不忍心看那老人所过的日子。他是那么衰老，加上严重的关节炎，不得不让人协助穿衣服。从他的呼吸状况可以看得出患有肺气肿；走起路来巍巍颤颤，头不时地往下颠；双手有些肿胀，10根手指像废爪般地钩曲着。从外表看来，他实在是老态龙钟。

就在吃早餐前，他贴近钢琴，那是他擅长的几种乐器之一。很吃力地，他才坐上了钢琴凳，颤抖地把那钩曲肿胀的手指抬到琴键上。

霎时，神奇的事发生了。

卡萨尔斯突然像完全变了个人似的，透出飞扬的神采，而身体也跟着开始能动并弹奏起来，仿佛是一位健康的、强壮的、柔软的钢琴家。

卡曾斯描述说：

他的手指缓缓地舒展移向琴键，好像迎向阳光的树枝嫩芽，他的背脊直挺挺的，呼吸也似乎顺畅起来。

弹奏钢琴的念头，完完全全地改变了他的心理和生理状态。当他弹奏巴哈的一只名曲时，是那么纯熟灵巧，丝丝入扣。他弹奏起布姆斯的协奏曲，手指在琴键上像游鱼似轻快地滑动。

"他整个身子像被音乐融解。"卡曾斯写道，"不再僵直佝偻，代之的是柔软和优雅，不再为关节炎所苦。"在他演奏完毕，离座而起时，跟他当初就座弹奏台时全然不同：他站得更挺，看来更高，走起路来也不再拖着地。他飞快地走向餐桌，大口地吃着，然后走出家门。漫步在海滩的清风中。

罗宾指出：

> 人们常把信念看成是一些信条，而它就真的只能在口中说说而已。但是，从最基本的观点来看，信念是种指导原则和信仰，让人们明了人生的意义和方向；信念是人人可以支取的力量源泉，且取之不尽；信念像一张早已置好的滤网，过滤大家所看的世界；信念也像脑子的指挥中枢，指挥大家的脑子，照着大家所相信的去看事情的变化。

卡萨尔斯热爱音乐的艺术，那不仅曾使他的人生美丽、高尚，并且每日带给他神奇。就因为他相信音乐的神奇力量，使他的改变让人匪夷所思；就是信念，让他每日从一个疲惫的老人化为活泼的精灵。说得更玄些，是信念，让他活下去。

自有人类以来，不知有多少思想家、传教士和教育者都已经一再强调信心与意志的重要性。但他们都没有明确指出：信心与意志是一种心理状态，是一种可以用自我暗示诱导和坚持锻炼出来的积极的心理状态！

成功始于觉醒，心态决定命运！这是希尔、斯通等成功学大师的伟大发现，是成功心理学的卓越贡献。成功心理、积极心态的核心就是自信主动意识，或者称作积极的自我意识，而自信意识的来源和成果就是经常在心理上进行积极的自我暗示。

反之也一样，消极心态、自卑意识，就是经常在心理上进行消极的自我暗示。就是说，不同的意识与心态会有不同的心理暗示，而心理暗示的不同也是形成不同的意识与心态的根源。

所以说心态决定命运，正是以心理暗示决定行为这个事实为依据的。

积极改变负面心态

缺乏自信，常常是性格软弱和事业不能成功的主要原因。

自信心不仅能影响事业，甚至能改变人的外貌。

一位美容医生悟到这样一个道理：美与丑，并不仅仅在于一个人的本来面貌如何，还在于他是如何看待自己的。

一个人如自惭形秽，那他就不会成为一个美人。同样，如果他不觉得自己聪明，那他就成不了聪明人。他不觉得自己心地善良，即使在心底隐隐地有此种感觉，那他也就成不了善良的人。

有这么一个故事：心理学家从一帮大学生中挑出一个自认为最愚笨、最不招人喜爱的姑娘，并要求她的同学们改变已往对她的看法。在一个风和日丽的日子里，大家都争先恐后地服务这位姑娘，向她献殷勤，陪送她回家，大家努力地打心里认定她是一位漂亮、聪慧的姑娘。结果怎样呢？

不到一年，这位姑娘出落得很好，连她的举止也跟以前判若两人。她愉快地对人们说：她获得了新生。

确实，她并没有变成另外一个人。然而，在她的身上却展现出每一个人都蕴藏的美。这种美，只有在相信自己，周围的所有人也都相信、爱护的时候才会展现出来。斯通说："一个人只要有自信。那么他就能成为他希望成为的那样的人。"

居里夫人曾说过："生活对于任何一个男女都非易事；人们必须要有坚忍不拔的精神；最要紧的，还是自己要有信心。大家必须相信，对一件事情具有天赋的才能，并且，无论付出任何代价，都要把这件事情完成。当事情结束的时候，你要能够问心无愧地说：'我已经尽我所能了。'"

古往今来，不知有多少伟大人物凭着超人的自信心，创造了伟大的业绩。

大音乐家华格纳遭受同时代人的批评攻击，但他对自己的作品有信心，终于战胜世人。达尔文在一个英国小园中工作20年，有时成功，有时失败，但他锲而不舍，因为他自信已经找到线索，结果终得成功。

19世纪的英国诗人济慈幼年就成为孤儿，一生贫乏，备受文艺批评家抨击，恋爱失败，身染重病，26岁即去世。济慈一生虽然潦倒不堪，却不受环境的支配。他在少年时代读到斯宾塞的《仙后》之后，就肯定自己也注定要成为诗人。济慈一生致力于这个最大的目标，使他成为一位名垂不朽的诗人。他有一次说："我想，我死后可以跻身于英国诗人之列。"

斯通指出："你自信能够成功，成功的可能性就大为增加。你如果自己心里认定会失败，就永远不会成功。没有自信，没有目的，你就会俯仰由人，一事无成。"

要树立自信心就必须信任自己，相信自己。前世界拳击冠军乔·弗列勒每战必胜的秘诀是，参加比赛的前一天，总要在天花板上贴上自己的座右铭："我能胜！"

大家都知道电话是贝尔发明的，可是，很少有人知道，在贝尔之前，就有人发明了电话，但他没有努力去宣传和推广自己的成果，终于被埋没掉了。

贝尔发明了电话后，起初也不被理睬和相信。但是他信心十足，不断利用各种机会广泛宣传，终于把电话推广开来。拿破仑·希尔指出："凡事往积极的方面思考，总会看到成功的曙光。"

对此，罗宾也深有感触。有一天晚上，罗宾独自漫步于波士顿考伯利广场，此时已是夜阑人静，广场的四周围绕着美国自建国以来的各式建筑。

罗宾不由得端详起来。就在此时，一个人摇摇晃晃朝他走来。那人似乎流浪街头已有多日，浑身都是酒气，愁容满面。罗宾猜想他一定会走过来乞讨几分钱。果不其然，那人走向罗宾开口道："先生，能否给我一分钱呢？"

起先罗宾有点犹豫，后来还是动了恻隐之心。一分钱实在是微不足道，但罗宾觉得至少可以给他一个指点。

"一分钱？你就只要一分钱吗？"

那人忙不迭地说："就一分钱。"

罗宾把手伸到裤袋里，掏了一分钱给他，同时说："人生能得多少，就看你要求多少。"

乞讨者听了为之一振，然后踯躅离去。望着他走远的背影，罗宾十分感叹，为何成功的人和失败的人有如此悬殊的差异？罗宾和他都是人，为何罗宾的人生充满了喜悦，事事都那么顺利；而他，一位60开外的老人，却得露宿街头，靠乞讨为生。

当年罗宾也曾与那人一样落魄，只不过没喝那么多的酒和流落街头，但今天罗宾却像变了个人似的。难道说这是上帝特别恩待罗宾？还是有贵人相助呢？也许两者都没有。罗宾与那人之所以不同，答案就在于罗宾对那人说的话：人生会给予你所要的一切。

让压力变为前进动力

奇迹多是在厄运中出现的，同样，压力能使人产生奇异的力量。

压力，为人创造了反复思考琢磨的机会，使人能尽快成熟起来。木以绳直，金以淬刚。世上成就大事业的人无不是经过艰苦磨炼的。

艰难的环境一般是会使人沉没下去的。但是，在具有坚强意志、积极进取精神的人面前，困难被克服了，就会有出色的成就。这就是所谓"艰难困苦，玉汝于成"。玉汝于成这个词是说玉经过琢磨而成器。

人们最出色的工作往往在逆境的情况下做出。思想上的压力，甚至肉体上的痛苦都可能成为精神上的兴奋剂。压力能使人在思想感情上受到多方撞击，从中感悟人生的真谛，自觉把握人生的走向。

有一个在某重要部门任职多年的中年人，手中有点儿权，但他不以为骄，为人正直，洁身自好，人际关系亦不错。当谈及这方面的情况时，他说：

这应得益于当几年知青上山下乡的磨炼。当年在农村苦与累且不说，由于家庭的原因，政治上受到压抑，招工上学全没份儿，在一块下乡的知青中我是最后一个回城的。我知道有今日来之不易。靠我工作的便利条件，搞点歪门邪道是容易的，但我知道那样做的最终后果。

想想当年和我们知青一块劳动的同龄人，他们大多数仍还在脸朝黄土背朝天的"土里刨食"。所以，我始终能保持一种清醒和理智。

其实，人要有所长，就要有所为。该做的一定要做好，不该做的坚决不做。人要有所得，就要有所失。该失去的东西就要毫不吝啬，甚至忍痛割爱。

得到的并不一定就值得庆幸，失去的也并不完全是坏事情。能否从容对待、恰当处理这些问题，就看自身的修养和品德了。

相反，人若是太幸运了，离开压力的"哺育"、悲痛的"滋养"，常常是浅薄的。懒于思考，不知天高地厚，也不知自己的能力究竟有多大，或碌碌无为，成为堕地尘埃。

理智地对待压力而形成的适度紧张，能增强大脑的兴奋过程，提高大脑的生理功能，使人思维敏捷反应迅速。在紧张压力的生活和工作中，心脏往往要通过加强收缩来排出更多的血液，以供给全身各器官组织需要。

而血管的伸张收缩功能，对减少心血管疾病的发生十分有益。所以，适度紧张是一种经常性的健身运动，它要求手动得勤，腿跑得快，身体各部分肌肉活动增加，新陈代谢加强，这无疑使人增加体力、灵活性和抗疾病的免疫力。

当然过度压力也有破坏力,它会使即将到手的成功不翼而飞,化希望为泡影,使意志薄弱者永远默默无闻或沉入人生的低谷。

所以,正确对待压力,将压力变为动力,是最重要的人生艺术。

哪里跌倒哪里爬起

"跌倒了再站起来,在失败中求胜利。"这是历代伟人的成功秘诀。

有人问一个孩子,他是怎样学会溜冰的。那孩子回答道:"哦,跌倒了爬起来,爬起来再跌倒,就学会了。"

爱默生说:"伟大高贵人物最明显的特征,就是他坚定的意志,不管环境变化到何种地步,他的初衷与希望,仍然不会有丝毫的改变,而终至克服障碍,以达到企望的目的。"

使得个人成功,使得军队胜利的,实际上就是这样的一种精神。跌倒不算失败,跌倒了不站起来,才是失败。因此,要看出一个人的品格,最好是看他遇到逆境以后怎样行动。失败之后,能否激发他的能力,想出更多的计谋。是使他更勇往直前,还是心灰意懒。

"我在这儿已经做了30年,"一位员工抱怨他没有升级,"我比你提拔的许多人多了20年的经验。"

"不对,"老板说,"你只有一年的经验,你从自己的错误中没学到任何教训,你仍在犯你第一年刚做时的错误。"

不能从失败中学到教训是悲哀的!即使是一些小小的错误,你都应从其中学到些什么。错误对我们的损失是否非常严重,往往不在错误本身,而在于犯错人的态度。能从失败中获得教训的人,就能把错误的损失降至最低。

也许过去的一切,对一些人来说是一部极痛苦、极失望的伤心史。所以,有的人在回想过去时,会觉得自己处处失败、碌碌无为,他们在衷心希望成功的事情上失败了,或许他们至亲至爱的亲属朋友离他而去。也许他们曾经失掉了职位,或是事业失败,或是因为种种原因而不能使自己的家庭得以维系。在这种人看来,自己的前途似乎十分惨淡。然而即便有上述的种种不幸,只要你不甘屈服，则胜利就在前方，在向你招手。

美国著名的电台播音员莎莉·拉斐尔在她的30年职业生涯中，曾遭18次辞退，可是每次她都放眼最高处，确定更远大的目标。最初由于美国的无线电台认为女性不能吸引听众，没有一家电台肯雇用莎莉。她好不容易在纽约一家电台谋到一份差事，不久又遭辞退，辞退她的理由是说她跟不上时代。

莎莉并没有因此抱怨，她总结了失败的教训，又向国家广播公司电台推销她的节目构想。电台勉强答应了，但提出要她在政治台主持节目。"我对政治所知不多，恐怕很难成功。"她曾一度犹豫，但坚定的信心促使她大胆地去尝试。

莎莉对广播早已轻车熟路，于是她利用自己的长处和平易近人的作风，大谈7月4日美国国庆节对她自己有何意义。另外，她还邀请听众打电话来畅谈他们的感受。听众立刻对这个节目产生了兴趣，她也就因此而一夜成名。

之后，莎莉·拉斐尔已成为自办电视节目的主持人，曾两度获奖。当年在美国、加拿大每天有800万观众收看这个节目。她说："我遭人辞退18次，本来大有可能被这些遭遇所吓退，甘愿放弃，做不成我想做的事情。结果相反，我让他们鞭策我勇往直前。"

失败是一种挑战，也是一种测试。没有勇气奋斗、自我放弃的人，其目标就会离他越来越远。而那些毫不畏惧、勇往直前、永不放弃目标的人，终会达到自己的目标。

有人抱怨说已经失败多次，再试也是徒劳无益。这种想法真是太自暴自弃了！对意志永不屈服的人，就无所谓失败。无论成功多么遥远，失败的次数有多少，最后的胜利仍然在他的期待之中。

狄更斯在他的小说里讲到一个守财奴斯克鲁奇，最初是个爱财如命、一毛不拔、残酷无情的家伙，他把全部的精神都钻在钱眼里。可是到了晚年，他竟然变成一个慷慨的慈善家、一个宽宏大量的人、一个真诚爱人的人。

狄更斯的这部小说并非完全虚构，世界上也真有这样的事实。人的禀性都可以由恶劣变为善良，人的事业又何尝不能由失败变为成功呢？

现实生活中这样的例子也不少，许多人失败了再站起来，沮丧而又不怕挫折，抱着不屈不挠的无畏精神，向前奋进，最终获得了成功。

世间真正伟大的人，对于世间所谓的种种成败，并不介意，所谓"不以物喜，不以己悲"。这种人无论面对多么大的失望，绝不失去镇静，这样的人终能获得最后的胜利。

在狂风暴雨的袭击中，那些心灵脆弱的人唯有束手待毙，但有些人的自信精神，却依然存在，而这种精神使得他们能够克服一切困难，去获得成功。美国著名成功学家温特·菲力说：失败，是走上更高地位的开始。

许多人之所以获得最后的胜利，就在于他们屡败屡战。对于没有遇见过大失败的人，有时反而让他不知道什么是大胜利。通常来说，失败会给勇敢者以果断和决心。的确，逆境可以激励人心，帮助你战胜生活大道上的"恐怖地带"。因此，一个不了解自己强项的人，只能吞下失败的苦果。

能屈能伸矢志前行

大凡胸怀大志，打算干一番轰轰烈烈的事业的人，都能屈能伸。这就好比一个矮小的人，要登高墙，必须要寻找一个梯子作为登高的台阶，假如一时寻找不到梯子，那么，即使旁边有一个石头，未尝不可利用作为进身的阶梯。假如嫌弃它，就爬不到高墙上去。

当初，张良、韩信就是刘邦的梯子，韩林儿就是朱元璋的垫脚石。

韩信年少时曾受过胯下之辱，但他并不是懦夫。他之所以忍受这样大的屈辱，是因为他的人生抱负太大了，小不忍则乱大谋。后来跟随刘邦逐鹿中原，风云际会，先后作过齐王和楚王。在他与部下谈起这件事时说："难道当时我真没有胆量和力量杀那个羞辱我的人吗？而是如果杀了他，我的一生就完蛋了，我忍住了，才有今天这样的地位和成就。"

制定了目标后，往往在实践过程中都会遇到这样那样的困难和挫折，致使你气愤、胆怯、自卑、情绪冲动、灰心丧气、意志动摇等。立志愈高，所遇到的困难就愈大，猝然临之而不惊，无故加之而不怒，这就是大丈夫能屈能伸、乐观坚毅精神的表现。

苦难是一种前兆，也是一种考验，它选择意志坚韧者，淘汰意志薄弱者。要达到奇伟的人生境界，要成就任重道远的伟业，必须具有远大的志向和极端坚韧的品质。

一场大雪过后，树林里出现了有趣的现象，只见榆树的很多枝条被厚厚的积雪压得折断了。而松树却生机盎然，一点儿也没有受到伤害。原来榆树的树枝不会变曲，结果冰雪在上面越积越厚，直到将其压断，实在是备受摧残。

松树却与之相反，在冰雪的负荷超过自己的承受能力时，便会把树枝垂下，积雪就掉落下来。松树树枝因能向下，使雪易滑落，所以枝干依旧挺拔，巍然屹立。

能屈能伸，刚柔相济，正是这种气度和风范使松树经受了一场暴风雪的洗礼。人世间的冷暖是变化无常的，人生的道路是变化无常的。当你在遇到困难走不通时，或许退一步就会海阔天空；当你在事业一帆风顺的时候，一定要有谦让三分的胸襟和美德，应该把功劳让与别人一些，不要居功自傲，更不要得意忘形。该进则进，该退则退，能屈能伸。

富兰克林小时候到一位长者家里去拜访，去聆听前辈的教诲。没料到，他一进门头就在门框上狠狠地撞了一下。身材高大的富兰克林疼痛难忍，不停地用手指揉着自己头上的大包，两眼瞪着那个低于正常标准的门框。

出门迎接的长者看到他那副狼狈不堪的样子，忍不住笑起来："年轻人，很痛吧？"这位长者语重心长地说，"这可是你今天来这儿的最大的收获。"

一个人要想在世上有所作为，"低头"是少不了的。低头是为了把头抬得更高、更有力。现实世界纷纭复杂，并非想象的那么一帆风顺。面对人生旅途中一个个低矮的"门框"，暂时的低头并非卑屈，而是为了长久的抬头；一时的退让绝非是丧失原则和失去自尊，而是为了更好地前进。

缩回来的拳头，打出去才更有力。只有采取这种积极而且明智的方法，才能审时度势，通过迂回和缓而达到目的，实现超越。对这些厚重的"门框"视而不见，傲气不敛，硬碰硬撞，结果只能是头破血流，成为摆在风车面前的

"堂吉诃德"。

富兰克林终身不忘前辈的忠告,将"学会低头,拥有谦逊"作为自己生活的准则和座右铭,并且身体力行,后来终成大器,卓有建树,被誉为"美国之父"。

第二节 顺境中办事规则

与人为善传播快乐心境

所谓和善并不意味着要讨人喜欢。一个成功的生意人做出决定时依据的标准是:什么是对的,而不是什么是讨人喜欢的。正是这一点使他们能赢得人们的尊敬,不管他们是否讨人喜欢。

生意人也是人,也有七情六欲。你既可以成为一个和善的人,享有关心、体贴人的美名,同时又坚强有力,完成任务毫不含糊。尊重人、为人和善,只会使你变得更加完美。

管理者和蔼可亲,就会使其他人感到快乐,你也会得到快乐,而这种快乐是无法以其他任何一种方式获得的。如果你面带诚恳、关切的微笑对一个职工提出批评,做出明确的指示,那么,你一定可以取得圆满的结果。

人们觉得你平易近人,乐于按照你的要求办事。反之,如果你板着面孔严厉地提出批评,发出指示,则会引起人们的反感,达不到你所要求的效果。

享有盛誉的卡法罗家族购物中心拥有6亿美元的资产,它是靠这样的经营哲学发家致富的:如果今天交一个朋友,明天就可以做成一笔买卖。

这个道理很简单。如果你首先和善待人,你就有可能从人们身上得到你所需要的东西。而粗暴无礼,你将一无所获。

要努力使自己不要显得高高在上、盛气凌人。所谓和善,并不是你去巴结奉承,到处说"请""谢谢",而是采取这样一种态度:"我对你好,希望你也对我好。我们不回避难办的问题,我们要在互相尊重的情况下解决它们。"

不错,你也可能认为,你见过许多粗暴专横的人也能行得通。诚然,从短期来看,有时甚至从长期来看,这些人也得逞了。但是,在多数情况下,行不通。特别是在现今这个时代,员工们越来越不能容忍老板的粗暴行为。如果你对员工不好,你是长久不了的。

为人做事一开始就要尽量富有人情味,与人为善。以后,你随时可以在一些问题上采取比较强硬的立场。如果你一开始就非常粗暴、骂骂咧咧,以后想变得和善起来,那几乎是不可能的,同事们绝不会相信你。

例如,有一天,突然有一位高层人士指名道姓问到你的家庭情况,这一定会给你留下深刻印象。这就是和善的表现。如果必要的话,你不妨试试以下这些表示和善的做法:

第一,当人家特意安排,满足你的日程时,你应当做出三倍的努力,报答人家。第二,不管是老板,还是同事和下属,主动为他们开门。第三,与领导、长辈或客户同行时,尽量比他们慢半步走。第四,如果你正在开会,你不妨暂时离开一会儿,出来亲自告诉你的下一个约会者,你要推迟一段时间,请他到你的办公室或会议室稍候。第五,提醒你的秘书对每一个人都要和善客气,而不要仅仅对待他认为你喜欢的那些人才和善客气。第六,每当你碰到一个粗鲁无礼的人,你就内心笑一笑默默地说:天啊,世界上还有这样的人,幸而我不是他。第七,在作自我介绍时,说出你的名字,不要以为人家都知道。同时,要记住人家的名字,并且有意识地使用它。

有人觉得,他的权力大威望高,他就没有必要表现的和善。这个看法不对。你的地位越高,人们就越发注意你的为人,并以你为榜样。你应当对那些你通常不大喜欢的人表现出特别的和善。不妨试试,谁知道会有什么结果呢。但我敢保证,效果一定不错!

忘记仇怨筑路在人心中

《菜根谭》上有一段话说,我虽然帮助或救助过别人,但不要常常挂在嘴边上或记在心里，假如有对不起别人的地方却不可不经常反省；别人曾经对我有恩应常记于心，不可轻易忘怀，别人做了对不起我的事却不可不忘掉。

这句话告诉生意人，心中常怀怨恨，伤自己，又伤别人。且胸中常怀怨恨之人多半器量小，器量狭小之人，何以能成大事呢？相比之下，那些专爱找人毛病，专爱记仇的人，岂不是大蠢人了吗？

魏信陵君杀了大将晋鄙，击破秦军，解除邯郸之围，救了赵国，赵王亲自出郊外迎接。范睢对信陵君说："我听人说，有些事无法得知，但有些事不可不知；有些事不能忘，但有些事不能不忘。"

信陵君说："怎么说呢？"

范睢说："有人恨我，我无法得知；但我恨人，却不可不知；别人有恩于我，我不能忘记；但有恩于人，就不能不忘。先生杀了晋鄙解除邯郸之围，救了赵国，这是大恩，希望你能忘记对赵国的恩惠。心里老是记着对别人的恩德，势必带来恩大于仇；对别人的怨恨不能及时化解，只能给自己带来更多的烦恼。"

孟尝君被逐之后，又恢复了相位，重新回到了齐国。谭拾子到边境去迎接，对孟尝君说："您会不会埋怨齐国的士大夫放逐您，而想杀人呢？"

孟尝君说："会。"

谭拾子说："有件事是一定会发生的，有个道理是必然的，您知道吗？"

孟尝君说："不知道。"

谭拾子说："死，是一定会发生的事，而追求富贵，摒弃贫贱则是必然的道理。拿市场来做比方吧，早上的时候，市场人潮汹涌，到了晚上，市场就空荡荡了，这并不是市场喜欢早上而憎恨晚上啊！为了求生存所以就争着去，为了避免危亡所以就逃离，这也是同样的道理啊！希望您不要心怀埋怨。"

孟尝君听了，就消去了一份记有五百个他所怨恨的人的名单，表示不再报复了。

以上两件事说明，帮助救助过的人不要挂在嘴上或记在心头；做了对不起别人的事要经常反省；别人对不起自己时，要立刻忘记。

西汉的丙吉做丞相的时候，有一次，他的车夫贪酒，酒后驾车，吐了丙吉一车子。丙吉手下的官员西曹主支，来向丙吉报告了这件事，并打算把车夫辞去不用。

丙吉说："以酒醉的过失赶走他，那么他以后到哪容身谋生呢？你还是先忍一忍，这只不过是弄脏了我一个车垫子罢了。"

这位车夫，是边疆地区的人，对边塞上经常发生的预警报警的事，见得多了。有一次外出，正碰上来自边防的信差，带来边防的紧急文书，用红白两色袋装着，他就悄悄跟随到了有关部门，打听得知，是关于匈奴人入侵中州和代郡的事。

他立即返回，报告给了丙吉，并建议说："恐怕这两个地方的地方长官，若有老弱病残的情况，不能带兵，丞相你该心里有数，也好预作安排。"丙吉认为他说得很对，马上召集有关人员，核对这两郡官员们的情况。

皇上召见大臣时，丙吉因事先有准备，一一对答，井井有条；御史大夫却仓促应对，不能详细应答，受到皇上的责备。丙吉则受到表扬，皇上说他关心边防，尽心尽职。这都是那位车夫起的作用。

能容忍别人的一次小过失，别人就会以他的一技之长来回报你。能消除对别人的怨恨，别人就会拼了命来报答你。这种回报和报答的心情是那样迫切，以至于只要碰到机会，他就一定会一展其身手，只要有效力的场合，他就会拿出他的全部力量，以完成其事。

相比之下，那些专爱找人毛病，专爱记仇的人岂不是大蠢人了吗？对于别人的过失，是给予宽容还是穷追不放？这不只是个德行的问题，对于一个生意人来说，更是一个如何做生意赚钱的问题。这比放高利贷还合算！对方冒犯了你，而大度地给予宽容，对方于是欠了你的人情高利贷。但凡有机会，他将以十倍百倍的回报来偿还你的恩情。

可惜，人是情感动物，很少有人能这样宽宏大量；他更没有想到这也是一种"感情投资"，而且是最有效的投资。这个世界是所有存在者的世界，不是一个人的世界。

当你如一滴水一样,加入波涛汹涌的大海之中,随同整个大海一道上下翻滚,左冲右突,百般变迁。如果你被抛弃为孤独的一滴呢?在这个极为变化多端而又漫长的过程中,你凭什么能保证永不出危险,不被甩到岸上让太阳烤干?

故此,有进有退,在退却中思进取,在挺进中考虑退路,也就成为事业或人生必须解决的难题。以德报怨,予人退路,也正是予己退路,何乐而不为呢?

过怨两忘,须知来日方长。最可靠安全的路,筑在"人心"上。假如你能在"人心"产业上长期投资并获得成功,你的事业或人生就具有可靠保障了。

豁达开朗享受自由人生

豁达是一种博大的胸怀、超然洒脱的态度,也是人类个性最高的境界之一。一般说来,豁达开朗之人比较宽容,能够对别人有不同的看法、思想、言论、行为乃至他们的宗教信仰、种族观念等都加以理解和尊重。不轻易把自己认为正确或者错误的东西强加于别人。他们也有不同意别人的观点或做法的时候,但他们会尊重别人的选择,给予别人自由思考和生存的权利。

有时候,往往是豁达产生宽容,宽容导致自由。记得胡适先生说过,如果大家希望享有自由的话,每个人均应采取两种态度:在道德方面,大家都应有谦虚的美德,每人都必须持有自己的看法,不一定是对的态度;在心理方面,每人都应有开阔的胸襟与兼容并蓄的雅量来宽容与自己意见不同甚至相反的意见。

换句话说,采取了这两种态度以后,你会容忍我的意见,我也会容忍你的意见,这样大家便都享有自由了。

当然,豁达并非等于无限度地容忍别人,开朗并不等于对已构成危害的犯罪行为加以接受或姑息。但对于个人而言,豁达往往会有更好的人际关系,自己在心理上也会减少仇恨和不健康的情感。而对于一个群体而言,宽容开朗,无疑是创造一种和谐气氛的调节剂。因此,豁达宽容是建立良好人际关系的一大法宝，同时也是一个人完善个性的体现。

美国有位作家曾说过：没有豁达就没有宽松。无论我们取得多大的成功、无论爬过多高的山、无论有多少闲暇、无论看多少美好的目标，没有宽容心，我们仍然会遭受内心的痛苦。世界上最大的是海洋，比海洋更大的是天空，比天空更大的是人的胸怀。古今中外因豁达、开朗、宽容、谦让的品德而获得他人的友情、爱戴，或者消除仇恨、恩怨的例子数不胜数。

唐高宗时期有个吏部尚书叫裴行俭，家里有一匹皇帝赐的好马和很珍贵的马鞍。他有个部下私自将这匹马骑出去玩，结果马摔了一跤，摔坏了马鞍，这个部下非常害怕，因此连夜逃走了。裴行俭叫人把他找回来，并且没有因此而责怪他。

又有一次，裴行俭带兵去平都支援李遮匐，结果获得了许多名贵的珍宝，于是就宴请大家，并把这些名贵的珍宝拿出来给客人看，其中有个部下在抱着一个直径两尺、很漂亮的玛瑙盘出来给大家看的时候，一不小心，摔了一跤，把盘子摔碎了，顿时害怕得不得了，伏在地上拼命叩头以致流血。裴行俭笑着说："你不是故意的。"脸上并无可惜的样子。

这些历史上忍让的故事，受损的一方并没有因自己的损失和难堪而大发雷霆、怀恨在心。相反，他们都表现出宽宏大量、豁达开朗、毫不计较的美德和风度。结果不仅没有受到更多的损失、得到更多的难堪，反而在不知不觉中平息了纠纷，博得了别人的颂扬。

一个人只有豁达、开朗、宽容才能接受别人，善于与他人相处，能承认他人存在的意义和作用，他也就能被他人所理解和接受，为集体所接纳。就能与别人互相沟通和交往，人际关系才会协调，才能与集体成员融为一体。

合群的人，常常能够与朋友共享快乐，表现出积极的态度总是多于消极的情感；即使在单独一人时也能安然处之，无孤独之感。因为这种具有积极情感的人会感受到自己存在的价值，能够对自己的能力、个性、情感、长处和不足做出恰当和客观的评价，不会对自己提出苛刻的、不切实际的要求，能恰如其分地确定自己的奋斗目标和做人的原则，努力发挥自身的潜能，并不回避和否认自己的缺陷，尽量用自己的乐观情绪去感染别人，正是这些特点，才赢得大家的喜爱和认同。

平和处世才能事事顺心

古时候有"天时不如地利，地利不如人和"之说。"人和"在作战中是相当重要的一个取胜条件。其实在生活中，"人和"也是很重要的，要想"人和"，首先要学会"平和"。平和待人，平和处世，很多时候，"平和"的态度可以解决好多看似不好解决的问题。所以又有"平和为贵"之说。

一群年轻人在一家火锅城为朋友过生日，其中有一个年轻人拿着自己已吃过了的蛋饺要求更换。由于火锅城有规定吃过的东西是不能换的，所以遭到拒绝，双方因为不能相互谦让而大打出手。

最后，火锅城以人多势众的优势打败了那几个年轻人，可以说博弈的结果是火锅城的一方赢了。而实质上，他们真的赢了吗？从长远来看，他们并没有赢。这就是处世中的一种博弈，他们的胜利是建立在失败方的辛酸和苦涩上的，那么，他们也将为此付出代价。

具体分析这件事情，不难发现，火锅城的生意也会因此造成影响，传出去就会变成"这家店的服务真是太差劲了，店员竟敢打顾客，以后再也不来这里了""听说没有，这家店的人把顾客打得可不轻啊，以后还是少来这里了""什么店，竟打人，做得肯定不怎么样"等等。事态严重者，还会被追究法律责任。处世中，不能保持平和的处世，是人际博弈中最糟糕的。

平时，还有许多这样的事情，像在同学之间，在课间休息的时候，有一人站在一条通道上，另外的人要进出，要让这个人让路才行，而这个人就是不让，矛盾就出来了：一个是：你要过去，我偏不让，意思是，请绕道。另一个是：你偏不让，我偏要过，我就是不绕道过去。结果是：两人在争执不下的情况下，性急的一个便大打出手。于是，两人便扭打成一团。而后，被老师叫到办公室一顿好批。从此，两人不再往来，即使相遇也要互相吹胡子瞪眼睛。

在日常生活之中，经常可以看到这样的一些事情，有很多人因为一些小事而口沫横飞,甚至有的时候还会大动肝火。为一些不必要的小事而去争执,这样做不仅伤神而且费力,实在是不值得的。所以,凡事要看开一点,不要斤斤计较个人的得失,胸襟放得坦荡一点,凡事都处得平和一点。

蔺相如自从"完璧归赵"之后,仕途一帆风顺,步步高升。尤其是公元前279年渑池之会,蔺相如英勇顽强地与秦王斗争,终于使赵王免于受辱。

回国后,赵王认识到了蔺相如的英勇机智、过人胆识,就把他封为上卿,地位在廉颇之上。按理说,以蔺相如的才干,胜任上卿这一职位应该是没有问题的。

但廉颇心里却极不舒服,心想:我廉颇为赵国出生入死,出了多少汗,流了多少血,才有今天的地位,而你却凭着区区三寸不烂之舌,居然可以爬到我的头上,我怎能咽下这口气!廉颇扬言,他要寻找机会羞辱蔺相如。

一次,蔺相如的马车和廉颇的马车在街上不期而遇。但是由于街道狭窄,只能通行一辆马车,蔺相如二话不说,驾车绕道而去。此后,只要看见廉颇便绕道而行。就这样一连几次,蔺相如的门客们都看不过去,纷纷问他缘由。

蔺相如耐心地对大家说:"你们看廉将军与秦王哪一个厉害?"

"当然是秦王厉害。"大家都这样回答。

"那我连秦王都不怕,怎么会怕廉将军呢?两虎相争,必有一伤的。而秦国之所以怕赵国就因为有我和廉将军,如果我们俩争了起来,会有什么后果呢?"众人一听都哑口无言,都为蔺相如的大仁大义所感动。

当这话传到廉颇耳中时,廉颇顿时后悔不已。他心想:是啊,自己身为国家重臣,竟然为了一点私人小利而置国家于不顾,太不应该了,多亏蔺相如不和自己一般见识。

他明白自己错了,而且犯了一个令人不可饶恕的错误。于是他就绑上荆条,赤裸着上身,亲自到蔺府登门谢罪,乞求得到蔺相如的宽恕。廉颇不愧为人中豪杰。

以和为贵,所以,平和才是最为重要的。只有平和的关系才能够使双方更好地合作,才能够让你在处世的过程中少一份烦恼。看看古今那些在事业上有所建树的人，他们都是襟怀坦荡，度量恢宏的人，他们处处都抱着一种"平和"的处世态度。

处世平和的人，一定是心胸广阔的人。俗语说："量小失众友，度大集群朋。"为人处世要有宽阔的胸襟，恢宏的度量，只有这样才能够赢得友谊。也只有胸怀宽广的人，才能在你危难的时候助你一臂之力。

胸襟狭窄者会嫉人之才，讥人之误，因而在他们的周围便会产生一种无形的排挤力，使人对这样的人避而远之。这样做不但对他人没有好处，而且对他自己也是没有好处的。像庞涓那样嫉贤妒能的小肚鸡肠的人，最终落得个身败名裂的下场。

古人云："海纳百川有容乃大，壁立万仞无欲则刚。"所以，我们应该做到"有容"。让我们再看一则平和处世的故事：

公元前605年也就是周定王二年，楚庄王经过艰苦作战，平定了令尹斗越椒发动的叛乱之后，他就大摆酒宴，在酒宴开始时，庄王兴致勃勃地说："我现在已经有六年时间没有击鼓欢乐了，今日平定奸臣作乱，破例大家欢乐一天，朝中文武官员，均来就宴共同畅饮。"

这时，满朝文武就与庄王共同欢歌共舞，共享胜利。直到夜深后，庄王的兴致仍然不减，他还令人点起蜡烛，继续欢乐，还要宠妾许姬来为他们祝酒。

一会儿忽然一阵大风吹来，将灯烛都吹灭。在这时，有一人见许姬长得美貌，加之饮酒过度，难于自控，便乘黑灯瞎火之际，仗着酒意暗中偷拉了许姬的衣袖，他大概是想一亲芳泽吧。

惊受此举的许姬吓了一跳，在左手奋力挣脱后，右手就顺势扯下了那人帽子上的一个系缨。许姬取缨在手，连忙告诉庄王说，刚才敬酒时，有人乘烛灭欲行不轨，现在我把他帽子的系缨抓了下来，大王快命人点蜡烛，看看是哪个胆大包天的家伙干的。

谁知庄王听后，却对许姬说："赏赐大家喝酒，让他们喝酒而失礼，这是我的过错，我怎么能在别人喝醉酒时而辱没人呢？"

庄王不但不追究，反而命令左右正准备掌灯的人说："切莫点烛，寡人今日要与众卿尽情欢乐，开怀畅饮。如果不扯断系缨，说明他没有尽兴，那我就要处罚他！"

众人一听，齐声称好，等一百多人全都扯掉了系缨之后，庄王才命令下人点燃蜡烛，就这样他不声不响地把那个胆大妄为的人隐瞒过去了。

在散席之后，许姬仍是愤愤不平。庄王却笑着说："这件事你妇道人家就不懂了。你想想看，今天是我请百官来饮酒，大家从白天喝到晚上，大多带有几分醉意。酒醉出现狂态，不足为怪。我如果按照你说的把那个人查出来，首先他会损害你的名节，其次又会破坏酒宴上的欢乐气氛，再说也会损我的一员大将。现在我对他宽大为怀，他必知恩图报，于国于家于我于他都是有利的事情啊。"

许姬听了庄王的一番话，十分佩服。一个将领对自己爱妾的调戏，对于至尊无上的君主来说，无疑是极大的羞辱。这在当时的社会里，绝对属于大逆不道的犯上之举。如果犯了这方面的罪过的话，不掉脑袋那才怪呢！可是楚庄王却很能假装糊涂，他就原谅了属下的过错，并且还想方设法为他打马虎眼，这样的领导的确高明。

然而在七年之后，周定王十年，楚庄王兴兵伐郑，前部主帅襄老的副将唐狡，自告奋勇带百余名士卒作开路先锋。唐狡与众士卒奋力作战，以死相拼，终于杀出一条血路，使后续部队兵不血刃杀到郑都，这使得庄王非常高兴，称赞襄老说："老将军老当益壮，进军如此迅猛，真是大长我军威风，为楚国立下大功啊！"

襄老答道："这哪里是老臣的功劳，都是老臣副将唐狡的战功啊。"于是，庄王下令召来唐狡，准备给他重赏，谁知唐狡却答道："为臣曾经受大王恩赏已经太多了，即使是战死也不足为报的，哪里还敢再求赏呢？"

庄王这时感觉很奇怪，他疑惑的是以前并没赏赐他呀，何以如此说呢？唐狡接着说道："我就是'绝缨会'上拉了许姬袖子的人，大王不处置小臣，小臣不敢不以死相报。"

其实，这就是所谓的平和处世。如果我们能用开阔的胸怀去接纳他人的话，我们就能够收到更好的效果，就像庄王如果当初明着治那个人的罪的话，那么他也不会得到这个效力杀敌的猛士的。

平和的心态还要来自我们宽容的心，只有用宽容的心才能达到更好的博弈效果。特别是作为领导者，有一个宽容的心，才能更好地管理你的下属。

内方外圆处世圆融无碍

人的智慧应当圆融无碍，但人生活在具体的社会历史环境之中，在语言和行为上却不能没有原则和规则，不能模棱两可。如果只"圆"不"方"，忘记了"方"的根本，从大的方面讲，社会的法令和正确的思想观念就不能确立；从小的方面讲，个人也不能在社会上真正站立起来。

在中国传统文化中，相比较而言，儒家主要讲规矩、法则、礼仪、应用，是"方"的；道家则主要讲自然、无为，讲形式上的本体，是"圆"的。比如，儒家讲究立名，提倡仁、义、礼、智、信五德，提倡君臣、父子、夫妇、兄弟、朋友之间的五伦，作为社会和人与人之间相互关系的准则。而道家则提出"绝圣弃智""绝仁弃义"，反对仁、义、礼、智、信的立场，反对儒家提倡礼教。

从事物的"体"即本质层面上讲，世界上本无绝对的美、丑、善、恶，没有绝对的仁、义、礼、智、慈、孝、忠、恕。一切都是人为制造出来的观念。

而什么是美与丑，什么是善与恶，什么是仁义礼智，不同的国家、不同的民族、不同的时代有着不同的标准和答案。因此，从"智圆"的角度讲，一家的观点是圆的；而另一家的观点则认为是方的。

然而，从古到今，任何一个国家、民族，都有自己具体的关于善恶、美丑的观念，并在此基础上建立自己的道德观念、法律制度和文化思想，立规矩以成方圆。

一个国家有自己的法律制度；一个军队有自己的纪律条令；一个企业有自己的规章制度；一个家庭有自己的规矩习惯；一个人有自己的主张和原则，这些都是"方"。

这种"方",犹如一座大厦的钢筋水泥结构和一个人身体的骨骼,是大厦和身体赖以存在、支撑和站立的基础,这是从体和用的角度讲"有圆无方则不立"。

从灵活性与原则性的角度讲,一个人办事时,只有圆,没有方,处处"打太极拳",说话态度不鲜明,让人摸不着头脑,模棱两可;行为上不果断,犹犹豫豫,则让人觉得过于圆滑,没有个性,或缺少魄力,很难得到别人的真正尊敬,同时也很难真正在社会上成就一番事业。

若"方"如"刚",则"圆"为"柔"。万事过刚则易折,过柔则难以成形。唯有方圆相得,才能生生不息。

管仲原来是辅佐公子纠的。公子纠和齐桓公是兄弟,也是政敌。齐桓公杀了公子纠,管仲不但没有为公子纠殉死,反而给齐桓公当了宰相。

有人说管仲不仁,孔子说,管仲这个人是很了不起的。他帮助齐桓公九合诸侯,没有使用武力,使天下得到了安定,老百姓如今还受到他的恩惠。如果没有管仲,我们今天很可能都成了野蛮人了。他为天下和国家做出了这么大的贡献,不是一个只知道自己上吊,倒在水沟里默默无闻、白白死去的普通老百姓所能比的。

管仲为齐桓公做事,对公子纠来说是不忠、不仁、不义,从个人处世的角度讲是圆而不方。但是,他为国家做出了贡献,为天下百姓尽了大忠、大仁、大义,可以说是圆中有方,没有违背天下的大义、大原则。所以孔子不但没有否定他,还充分肯定了他的伟大功绩。

在唐、宋之间,五胡乱中华的几十年间,都是胡人统治。5个朝代,都请冯道出来做官,而他对每个君主都表现出忠心。可见他"圆"到了极点。对冯道的这种行为,欧阳修骂他无耻,认为他替胡人做事,没有气节。而同时代的王安石、苏东坡等人却认为他了不起,是"菩萨位中人"。

冯道的一生,可谓是"圆中容方,不忘大原则"。尽管他在胡人统治的朝廷为官,但他本人的生活却十分严谨,既不贪财,也不好色。在他的谨慎和圆滑中，他始终坚守着自己的人生大原则。

他认为在当时的历史背景下，最重要的是保有中国文化的精神和中华民族的命脉，以待国家出现真正的君主。他死后很多年，才出现了宋太祖赵匡胤，建立了大宋王朝。方，是原则性；圆，是灵活性。办任何事，只有将原则性和灵活性很好地结合起来，事情才办得好。

批评人一定要讲方法

每个人都有犯错误的时候，我们的朋友也不例外。那么，作为朋友，我们理所当然地要向他指出来。只是，每个人都好面子，尤其当对方还是我们的挚友时，说浅了不会起到作用，说深了会伤害感情，如何说话也就成了一个技术含量非常高的活。

刘志辉和张会林在学校是同室好友，关系十分亲密。张会林家里有钱，又是独子，有点娇惯，但是性格很直爽，为人很热情。

刘志辉家境不太好，从小自立，自尊心很强。他在学习的同时，每天早晨不到5点就要到一家餐厅做工。随着学习压力增大，在考试期间，两人之间产生了矛盾。

有一天刘志辉4点半就起床了，在洗漱的时候声音太大，把其他人都吵醒了。张会林想，其他人跟刘志辉的关系都一般，有意见也不好说出口，自己作为他的好朋友理应批评他一下。于是就说："你上班干吗非得把全宿舍的人都闹醒啊？你倒是赚了钱，但人家还陪着你不睡觉啊？"

刘志辉一愣，心想：别人说出这些话倒也罢了，你是我最好的朋友，怎么不考虑一下我的难处而来批评我呢！于是他没好气地说："你以为我乐意早上5点就起床去那臭熏熏的厨房里干活吗？我父亲可不愿一年到头供养我，我得自己挣钱养活自己。我不像你，懒在屋里，靠家里供养。你自己清楚，你是我认识的人中最懒的一个。"

张会林一下子被激怒了：打人不打脸，骂人不揭短，你说话也太损了吧！"哦，别来这一套。昨晚看书一直看到两点的是谁？谁又说什么啦？难道你就不能轻一点吗？怎么那么自私呢，就不稍稍考虑一下别人！"

两个人你一言我一语，针尖对麦芒。最后，双方都撕破了脸，几年的友情瞬间化为乌有。人往往就是这样，一旦被戳中了痛处，就会全力反抗的。显然，张会林没有注意到自己不恰当的批评方式会让刘志辉下不来台。

假如他们都不那么感情用事，而采取负责的态度表示自己的不满，就可以避免朋友的怒气，至少可以减少朋友发怒的可能性。如果张会林当时能这样谈起，就完全可以避免一场争吵：

我想告诉你，我有些不舒服，也可能是这些天的考试使我过于紧张烦躁。昨晚我没有睡好，今天5点又被你弄醒，我心里有点恼火，你似乎没考虑过我的休息。另外，这里还有其他人，也要注意他们的感受。

听了这些话，刘志辉或许就会明白自己的过错，而且不会发火。"金无足赤，人无完人"，朋友也是有缺点错误的。作为好朋友，就要直陈人过，积极开展批评。

我们要赢得朋友的友谊，在说话时，就不要因对方一件事没做好，就说些不顺耳的话，小则造成不愉快，大则会把真诚的友谊折腾没了。指出朋友的缺点时，不仅要使用委婉的话语，还要注意不要当众批评朋友，免得让朋友在众人面前难堪。

有人曾说过：一句不慎的话，足以让十句光彩照人的话黯然失色，一段真挚的友情也会产生裂痕。所以，同样是起到批评人的效果，为何不能换个方式，温和地表达呢？

一个微笑，一个眼神，足以传递出或善意或严厉的批评，但是这些批评都可以是甜的。甜甜的批评是出于对对方充分的尊重和自我高尚的修养而发出的。善待别人就是善待自己，并且，善意的批评往往会收到比粗暴的批评更有效的结果。

老于是一家公司的老总，凭着自己的坚毅和果断创办了这家公司，只是这位老总平时少言寡语，给人的印象就是严肃认真，但他也有出人意料的时候。

老于邀请他的一个同窗好友做他的副总，不过，这个好友虽说是女士，却是一副男孩子的性格，有时候粗心大意，做公文时容易遗漏东西。有一次还差一点出了大问题。老于很想说她一下，但又怕伤到她。

琢磨了几天，老于终于想到了一个好方法，既能提醒她又能让她乐于接受。一天早晨，老于看见好友走进办公室，便对她说："今天你穿的这身衣服很好啊，越发显示出你的年轻漂亮。"

这几句话出自老于的口中，让好友很吃惊：想不到严肃的老朋友也有夸人的时候！这时，老于又说："但不要骄傲，我相信你的公文处理也能和你一样漂亮。"好友一下子明白了老于的意思，果然从那起，她在公文上很少出错了。

一位朋友知道了这件事，就问老于："想不到你这么严肃的人也会使用这样奇妙的方法，你是怎么想出来的？"

老于笑呵呵地说："说起来很简单，有一次我去刮胡子，我注意到他们都是先给人涂肥皂水，然后再刮。这样做是为了刮胡子时使客人不感觉痛。所以呢，我就想到，批评人的时候，也可以这样让对方愉快地接受。"

看到了吧，批评也是要讲艺术的。很多人都有这样一种观念，对朋友赞美就好了，批评了会伤害感情。而实际上，当我们觉得朋友做事不恰当的时候，对他的批评，好朋友是不会见怪的，至少他知道你是善意的。

当然，对于朋友的批评还是要掌握一些技巧，才能让人家愿意接受。这就要求我们在和朋友的相处中，做一个善于批评的角色。朋友之间的友谊非常珍贵，尽量不要去破坏它。对于朋友的错误，批评是必需的，只是我们要使用恰当的方法。

首先，批评要与赞美相结合。适度的批评之后，对于其优点别忘了加上几句称赞的话，才不会损坏彼此的情谊。"以理服人"是对的，但道理有时并不容易被直接接受，甚至会让对方产生反感，尽管在反感时他内心并不一定认为道理错了。

其次，还要争取让对方心服口服，这就需要一定的技巧了。有时，批评者往往认为自己是好心，但如果话中带有了威胁，效果就难以达到，甚至会给双方关系造成不良影响。如两个朋友发生了一点摩擦,一方大叫"你这样的人谁还会愿意和你在一起",对方马上回嘴"不做朋友就不做朋友,你有什么了不起"。好心的批评,也会起到逆反作用。

善于批评者会让对方感到仿佛不是在批评自己,倒像自己劝说自己,就容易被对方接受。批评的语言中应避免"你应该""你必须"之类的词,多用温和的口气,避免对方的反感。在任何"强攻"都难奏效时,还不如暂停。

最后,批评的目的是让对方接受自己的意见。仅仅是理由充足还不行,还要掌握对方的心理特点。对不同性格的人应该使用不同的方法,因人而异。

尽量减少不必要的争吵

人和人之间就某件事产生分歧是非常正常的,很多人在产生分歧之后首先想到的是争论,甚至争吵,这似乎也是正常的。但正是这种似乎正常的解决办法,却恰恰是最糟糕的办法。其实,最好的办法就是避免争吵。

在一次宴会上,一位先生讲了个幽默故事,其中提到一段引语,他说是出自《圣经》,然而他的邻座很清楚地记得这是出自莎士比亚的作品,于是很自信地指出了这个错误,结果是各执己见,互不相让。

正好边上是一位莎翁研究专家,于是决定让他评判。那位专家对那位指出错误的先生说:"你错了,那位先生是对的。"

在回家的路上,被指出错误的那一位很诧异地问专家:"你明明知道我是对的,怎么说他是对的?"

专家的回答是:"这么多人看着,你为什么要让他丢面子。如果让他丢了脸,他会恨你一辈子,而绝不会感激你指出了他的错误,绝对不要以为指出他的错误是为他好。"

事情确实如此,和一个人争吵,一般是不会有什么好结果的。因为为了各自的自尊,谁都不愿意轻易地屈服。而往往分歧双方都各有优点,也各有缺点,或者根本就没有好坏可言,只是角度不一样。所以争吵是不可能有结果的。

而且,争吵总是营造一种敌对的气氛。在这种气氛中,双方都只盯住对方的缺点，而不会考虑对方的优点。即使是很明显的一个错误，你把它指出来，或者用你的天才般的辩论把他驳得体无完肤，让他觉得低人一等。其结果只会使他怨恨你，或者违心地服理，但可能观点照旧，甚至会在以后的工作中影响相互的合作。

即使是1+1=3这样简单低级的错误，你也该找个恰当的机会指出来，越是简单的错误越不能公开地、无情地指出。释迦牟尼说："恨不消恨，唯爱释恨。"当你抱着敌对的态度去解决问题，结果只会水火不容。只有在尊重对方的同时提出建议才可能被接受。所以我们要尽量避免争吵。

要做到避免争吵，首先要有欢迎分歧的态度。记住这样一条格言："如果一对伙伴总是意见一致，那么他们中的一个就是多余的。"所以分歧是必需的也是必然的，没有分歧就没有解决问题的最佳办法。

其次要告诉自己，在发生分歧的时候，要冷静地先听对方说，给对方时间，然后你才会有较客观的评价。但最重要的是如何开口，很多人在开口之前是理智的，但慢慢地就失去控制。无法控制对方情绪，也没法控制自己的情绪。

开口要先强调对方的优点，先肯定对方，然后承认自己观点中的不足，即使没有也要编一个。因为要让对方认识到他的不足，最好的办法就是先自我批评，最后很婉转地提出对方的不足，请他考虑。相信这样一个简单的程序能避免大部分争吵。

胸襟宽广才能赢得友谊

在日常生活中，难免会发生这样的事：亲密无间的朋友，无意或有意做了伤害你的事，你是宽容他，还是从此分手，或伺机报复？有句话叫"以牙还牙"，分手或报复似乎更符合人的本能心理。

但这样做了，怨会越结越深，仇会越积越多，真是冤冤相报何时了。如果你在切肤之痛后，采取别人难以想象的态度，宽容对方，表现出别人难以达到的襟怀，你的形象瞬时就会高大起来。你的宽宏大量、光明磊落使你的精神达到了一个新的境界,你的人格折射出高尚的光彩。

宽容,作为一种美德受到了人们的推崇,作为一种人际交往的心理因素也越来越受到人们的重视和青睐。宽容是解除疙瘩的最佳良药,宽广胸襟是交友的上乘之道,宽容能使你赢得朋友的友谊。

一般人总认为,做了错事得到报应才算公平。但英国诗人济慈说:"人们应该彼此容忍,每个人都有缺点,在他最薄弱的方面,每个人都能被切割捣碎。"

每个人都有弱点与缺陷,都可能犯下这样那样的错误。作为肇事者要竭力避免伤害他人,但作为受害者要以博大胸怀宽容对方,避免怨恨消极情绪的产生,消除人为的紧张,愈合身心的创伤。美国第三任总统杰弗逊与第二任总统亚当斯从交恶到宽恕就是一个生动的例子。

杰弗逊在就任前夕,到白宫去想告诉亚当斯,他希望针锋相对的竞选活动并没有破坏他们之间的友谊。但据说杰弗逊还来不及开口,亚当斯便咆哮起来:"是你把我赶走的!是你把我赶走的!"

从此两人绝交达数年之久,直到后来杰弗逊的几个邻居去探访亚当斯,这个坚强的老人仍在诉说那件难堪的事,但接着冲口说出:"我一直都喜欢杰弗逊,现在仍然喜欢他。"

邻居把这话传给了杰弗逊,杰弗逊便请了一个彼此皆熟悉的朋友传话,让亚当斯也知道他的深重友情。

后来,亚当斯回了一封信给他,两人从此开始了美国历史上最伟大的书信往来。这个例子告诉我们,宽容是一种多么可贵的精神、高尚的人格。

宽容意味着理解和通融,是融合人际关系的催化剂,是友谊之桥的紧固剂。宽容还能将敌意化解为友谊。戴尔·卡耐基在电台上介绍《小妇人》的作者时心不在焉地说错了地理位置。其中一位听众就恨恨地写信来骂他,把他骂得体无完肤。

卡耐基当时真想回信告诉她:"我把区域位置说错了,但从来没有见过像你这么粗鲁无礼的女人。"但他控制了自己,没有向她回击,他鼓励自己将敌意化解为友谊。他自问："如果我是她的话，可能也会像她一样愤怒吗？"

他尽量站在她的立场上来思索这件事情。他打了个电话给她，再三向她承认错误并表达歉意。这位太太终于表示了对卡耐基的敬佩，希望能与他进一步深交。

宽容具有这样巨大的力量，那么，我们怎样培养这种宽容的性格特点，去理解别人呢？

首先，我们可以试着对伤害了自己的人表示友好。宽容是一种博大，是一种境界，是一种优良的人格体现。

对曾经有意无意伤害过自己的人，要有宽容的精神。这样做虽然困难，但更能反映出你的宽大胸怀和雍容大度。

用你的体谅、关怀、宽容对待曾经伤害过你的人，使他感受到你的真诚和温暖。也许有人会说，宽容别人是否证明自己放弃原则，太软弱了？其实宽容是坚强的表现、是思想的升华。

其次，我们可以容忍并接受他人的观点。人们都希望和那些懂得容忍自己的人相处，而不希望和那些时刻要对自己说三道四、横挑竖拣的人待在一起。

布林圭说，专门找别人岔子，动辄教训别人的"批评家"，估计不会有什么朋友。

根据自己所确立的伦理和宗教方面的严格标准，去要求别人投自己所好的人，谁见了都会退避三舍；而那些能容忍和喜欢别人以本来面目出现的人们，往往具有感动人和促使人积极向上的力量。

当你想和朋友友好相处时，要尊重对方的人格和优点，容忍对方的弱点和缺陷，切莫试图去指责或改变对方。

另外，我们要努力发现和承认他人的价值。容忍他人的不足和缺陷比较容易，而困难的是发现和承认他人的价值，这是一种更为积极的人生态度。

每个人只要乐于寻找，一定能找出他人身上许许多多优点和长处。能发现和承认他人的长处，那就实现了人生价值的全部意义。只有既能容人之短，又能容人之长，才更显出胸怀的宽阔、人格的高尚。

辩证处世灵活处理问题

孔子是春秋末期著名的思想家、政治家、教育家,儒学学派的创始人。

他3岁丧父,随母亲颜征移居阙里,并受其教。孔子少时家境贫寒,15岁立志于学。年龄稍大,做过管理仓库的"委吏"和管理牛羊的"乘田"。他虚心好学,相传曾问礼于老聃,学乐于苌弘,学琴于师襄。

30岁时,孔子已经博学多才,成为当地较有名气的一位学者,其思想核心是"仁","仁"即"爱人"。他把"仁"作为行仁的规范和目的,使"仁"和"礼"相互为用。主张统治者对人民"道之以德,齐之以礼",从而再现"礼乐征伐自天子出"的西周盛世,进而实现他一心向往的"大同"理想。

当时,孔子为国君介绍自己的治国思想,都不被接受,于是就带领弟子周游列国,另寻施展才能的机会。但是,很遗憾,他始终没有机会来施展自己的才能。

公元前484年,鲁国季康子听了孔子弟子冉有的劝说,派人把他从卫国迎接回来。孔子回到鲁国,虽被尊为"国老",但仍得不到重用。他也不再求仕,转而集中精力继续从事教育及文献整理工作。

孔子大约在30岁时,开始收徒讲学。在我国教育史上,以私人身份从事讲学活动40多年,而且影响最深远的,当首推孔子。相传他有弟子3000人,得意门生72人。

当时孔子的学生中,从地区说,有鲁国的颜渊、冉有,卫国的子夏、子贡,宋国的司马耕,吴国的子游,楚国的公孙龙,秦国戎族的秦祖;从出身来说,有贵族出身的孟懿子和南宫适,有贫贱出身的冉雍,有商人出身的子贡,还有梁父大盗颜涿聚。

一天,有一位鲁国的大夫前来拜访孔子。

谈话间,这位大夫问孔子说:"听说先生致力于教书育人,收了许多门徒,他们个个都有过人之处。那么请问先生您的学生颜渊的优点在哪呢?"

孔子回答道:"颜渊是个有仁爱之心的人,我自叹比不上他。"

那人接着又问道:"那子贡有何长处呢?"孔子回答说:"他能言善辩、口若悬河,很少有人能比得上他,我虽为他的老师但也比不上他。"

那人停了停,又问道:"那您如何评价您的学生子路呢?"孔子回答说:"他勇敢过人,我这点也比不上他。"

这人便质问:"照先生的说法,这三人都在很多方面优于先生,那为何还要跟随先生学习,听从先生的教诲呢?"

孔子听后,静静思考了一会儿说道:

是这样的。我不仅有仁爱之心,而且也有严厉残忍之时;需要的场合我会能言善辩,不适宜的场合我会言语钝拙,保持沉默;有时我表现得很勇敢,有时我就表现得胆怯。只有如此,灵活处世,才能应付自如。上面您提到的三人,各有自己所长,我单方面皆不如他们。但是,他们又不具备我的辩证处世为人之道。所以会跟随我学习,听从我的教诲啊!

那人听罢,连连点头称是,佩服先生的智慧。孔子以自己的学问与德行深得学生们的爱戴,他在73岁那年病死。

他的死使弟子们十分悲痛。他们在他的坟前搭棚连住了3年,表示哀悼。

子贡甚至一共住了6年。临别时,他们都哭了。

弟子们认为孔子就像江水洗过、太阳晒过那样洁白光明。

万事万物都具有矛盾性,矛盾着的事物又具有自己的特点。因此,要具体问题具体分析,"一把钥匙开一把锁",不同的情况要有不同的处理方法,恰到好处,辩证处理正是处世的智慧。

现实生活情况错综复杂,人际交往亦是如此。

身处其中要想如鱼得水,就需运用辩证处世的智慧,灵活处理。就需要学会具体情况具体分析,察言观色,审时度势,应付自如,做到恰到好处。

第三节　诚信办事的智慧

人类相互依赖而存在

世界上的万物都是相互依赖的，生命的整体都是相互依存的。印度哲人奥修在《生命的真意》一书中写道："每一样东西都依赖其他东西。当你看着一朵玫瑰花的时候，你感到快乐，你的快乐是玫瑰花创造的。"

现在科学家已经证明，当你快乐的时候，玫瑰花也感到快乐。如果你爱玫瑰花，它就会长得更快，它就会开出更大的花来，因为有人在关心它，在爱它，在看它；如果没有人爱它，它就不会快乐，也不会开出这么大的花朵。

如果你能使一朵鲜花快乐，不去随意折毁它，那么鲜花也会使你快乐。在你苦闷烦恼时，为你送上一缕醉人的馨香。

如果你能使一只小鸟快乐，不去残忍地杀死它，那么小鸟也会使你快乐。在每天霞光映透窗棂的时候，为你轻轻弹奏一段乐曲。有这样一个故事：

一位女教师到残疾人学校讲课时丢了钱包，遇到这种事的人多数都会不高兴。但这位女教师却说："虽然丢钱不是一件开心的事情，但是一想到我丢了钱，肯定会有人捡到钱，那么捡到钱的人一定会快乐。我知道有人在快乐，所以我也就快乐了。"

不久，捡到钱包的那个残疾学生拄着双拐来给她送钱包，女教师的一份快乐变成两份快乐了。

我们都是互相依存的，不管我们认不认识，是不是陌生人。所以，对待别人要用一颗宽容而又快乐的心。在别人因为我们而快乐的时候，我们自己也成了一个快乐的人。

每天早晨在上班高峰时间，很多公交车上的人都挤得满满的，一点缝隙都没有。有的时候，我们常听到一些吵架的声音，谁抱怨谁踩了他的脚，谁说谁挤着了他。其实大家紧紧地拥挤在一起，只是因为我们都要生存。

大家都是为了一个目的，都是去上班。如果彼此能够宽容一些，不愉快的事情就不会发生了。千千万万的人都是相互依赖的，你给别人一个烦恼，别人也会还你一个烦恼。反之，你送别人一个快乐，别人也会赠你一个快乐。

在单位里，如果哪一天我们心情特别好，就会发现平时不那么喜欢的同事也很可爱了。于是你可能就想多跟他说几句话，对他笑一笑。你对他热情，他自然也热情地回应你，这样两个人都会感到心情很愉快。

有的时候走在寂静无人的街上，如果看到旁边有一个人走过，心里就会泛起一股有了依靠的感觉，好像是有人与自己同路。上班或者下班的时候，总是拥拥挤挤地坐公交车，感觉很烦，但是心里同样会有一种感觉，我们大家都在做着相同的事，并不是我一个人在辛苦。看看别人，想想自己，觉得我们确实是互相依赖的人类。

既然大家都是彼此需要，那么我们就应该彼此温暖。用善良的心去对待别人，用真诚的态度去与人交往。别人得到了快乐，我们也会快乐；别人得到了幸福，我们也会幸福。

信用是办事的基本规范

信用，是一项彼此的约定，也是一种具有约束力的心灵契约。有时它无体无形，但却比任何法律条文具有更强的行为规范。已是千万身价的一个富翁，讲了一个关于信用的故事：

那还是两年前，我的事业刚刚起步，每天只能骑自行车上下班。有一天傍晚，我急匆匆地往家赶，但没走多远，自行车就扎了胎。这时，前后左右，没有出租车，也没有修车行。最要命的是，我摸遍全身发现，自己一分钱也没有带。

推着车子走了很远，终于遇到一个正要收工的流动修车摊。

当时，满天的云愈积愈浓，眼看着一场大雨就要来临。顾不得许多，我恳求那位年迈的师傅赶紧帮忙修车。

当我声明身上没带钱时，那个师傅说："行啊，留下点什么作抵押，明天来取。"我说："行，我把工作证留下。"

他看了看我，再也没说话，动手修起车来。

交谈中得知，这位老人也曾显赫辉煌过。曾经连续10年赢得过市级劳动模范，但因为不识字，一直在基层岗位上工作着。他还是一个爱厂如家的模范，在儿女中学毕业后，他劝说孩子们到他所在的工厂工作。但时过境迁，企业终于垮掉了，老模范眼含热泪，一步一回头地离开了自己几乎奉献毕生的工厂。在儿女下岗的同时，自己的老伴又不幸得了偏瘫卧床不起。企业已经指望不上，全家就靠他摆的这个修车摊聊以度日。

车子修好后，我把工作证留给了老人。老人一边很仔细地放好，一边抱歉地对我说："孩子，我没有文化，做得可能也不对。不是我俗气，我是不得已啊！按说，谁没有个需人帮忙的时候，谁能万事不求人？可我真的需要钱啊，留下您的证，您多担待着点儿吧。"

我赶紧说："看您说的，该我说谢谢才对，没您帮忙我可怎么回家啊！"我心里想，付出了劳动收获报酬，是天经地义的事。而这次老人要的报酬仅仅是2元钱。

第二天，我又来到了那位老人的摊子，想把昨天的钱还给他。没想到老人一脸的惶恐，说话也变得结巴起来。原来，由于昨天被大雨浇湿，奔跑中，老人将我的工作证弄丢了。今天尽管自己仍在发着热，但为了等我，仍然强撑着到此摆摊。

我有些冲动地说："你怎么能这样？你知不知道，而且办证很麻烦的呢？"我相信，就在当时，我一定显现出了自己心灵丑恶的本性。我这个曾受人恩惠的人，一旦摆脱了困境，就忘记了自己曾有过的乞求。可能有那么多的人在场，老人的脸上很不自然，只是一个劲地道歉。

离开老人的车摊，我开始意识到自己的表现，真的不像是一个有修养的人的作为。因为再办一个工作证并不麻烦，也用不了多少时间。而最起码，如果不是老人帮忙，昨天淋雨与今天生病的，应该是我而不会是他。不久，我渐渐地淡忘了这件事。

大约过了近半个月的时间，老人却找到公司来了，他并没有找到工作证，但却记住了我的单位和名字,并送来150元钱,给我用作办证的费用。我知道,那几乎是老人这半个月的所有劳动所得。

尽管我一再说明情况,称当时不过是一时气盛说了那些话,但老人执意要把钱留下,还很歉意地说:"真对不住啊!收下吧。做人总该讲点信用,那是老天教人做人的本分。"

从那一天起,我一直感谢老人给我上了关于信用的最好一课。

事实上,这件事给了我很大的震动,老人的言行让我重新思考公司的立足之本。公司得到发展之后,在我的恳求之下,老人来到公司,成了一名极为出色的仓库管理员。

当我们的社会进入竞争经济时代的时候,很多人的信用观念早已不复存在。人们开始学习玩小聪明,耍歪手段;羡慕阴谋诡计,弄虚作假;崇尚无原则办事,拍马投机……一时间,大街小巷皆见教人智谋;中学大学频见捧读韬略厚黑;大商小贩倾心坑蒙拐骗。我们的社会犯了什么病?

经商有经商的商机,游戏有游戏的规则,做人有做人的分寸,处世有处世的方圆。从过去到今天,亘古依然。而唯独今天,我们的信用可以轻易地就抛弃吗?

信用是一种人格的体现,是人类社会平稳存在,人与人和平共处的基础,也是人性中最珍贵的部分。它与伪君子无缘,与空谈家远离。给人以信用,就是许人以诺,那就是应该是不变的永恒。

要维护遵守信用,有时自然要牺牲一些时间、爱好、自由,甚至要付出鲜血和生命。但如果你自己,与你所在的整个世界都没有了信用,那你又将生活在一个什么样的人世间?

诚信是获取信任的基石

当然,能让别人充分信任你的一个最可靠的砝码,就是你在做人做事上必须表现出诚实,而只有诚实守信方能长久。

一个公司招聘员工,经过一层一层的筛选,还剩下三个面试者,他们的业务水平不相上下，从三个人当中挑选一个实在是难以取舍。最后，总经理决定再来一次面试，由他亲自挑选。面试的问题出乎意料，和业务毫无关系，是一道非常简单的算术题：

请你们三个回答我一个问题：十减一等于几？

第一位应试者想了想，最后满脸堆笑地说："您说它等于几，它就等于几；您想让它等于几，它就等于几。"

第二个见第一个回答得这么精明，不甘示弱地说："十减一等于九，就是消费；十减一等于十二，那是经营；十减一等于十五，那是贸易。"

总经理听了，微笑着点点头又摇摇头，他把目光转向第三位应聘者："说说你的答案？"

"十减一就是等于九嘛！"

后来，这个老实人被录用了。

如果你面对着同样的问题，你会怎么回答？会不会老老实实地说出"十减一等于九"？事实是，把简单的问题搞得复杂的人是最愚蠢的。在现实生活中，的确有人把"诚实"视为"愚蠢"。

人们最喜欢犯的错误就是自作聪明，结果总是聪明反被聪明误，为什么不诚实地对待那些原本正确的东西呢？这代表实事求是的为人处世的态度。

没有人喜欢被别人蒙骗，即使那些喜欢恭维话的人，他们内心深处也是在意和相信诚实人的。

诚实赋予一个人公平处世的品格，诚实是聪明做人最坦率也最谦逊的证明方式。那个一而再、再而三地呼喊"狼来了"的孩子，最后没有人相信他。因为不诚实的人太不"天真"，因此也不"可爱"，更不要说招人喜欢了。

诚实的人必然不说谎，不欺骗。许多人都把欺骗和谎言当作"精明"，他们以为这些手段是值得使用的。但是时间长了，狐狸尾巴终究会露出来。欺骗能换来一时的利益，但得不到永久的信任。

谎言也许能在某些时候、某些场合迷惑一些人，但是这些人不久就会清醒。欺诈者是堕落的人，因为不诚实，他们不能与人长久相处，更不能达成自己对幸福、财富和快乐的愿望。

诚实的人必然守信用、重诺言，不守信用的人轻则破坏自己的形象，重则影响自己一生的发展，甚至还会因此丢掉自己的性命。

值得一提的是，许诺是非常严肃的事，对那些不应该办的事和办不到的事一定不要轻率应允。古代哲人老子曾有训诫："轻诺必寡信，多易必多难。"

把真诚放进我们的话语

世上最令人感动的是什么？有人回答：是真诚。的确如此，真诚的话语最动人。因此，当你面对一个固执的客户而久攻不下时，你就该想一想"精诚所至，金石为开"这句话所包含的道理了。

把你的诚意，一滴滴地揉进话里的每一个字，这就成了世界上威力最大的润滑剂。有一次，一位外国记者给吴仪部长提出一个很尴尬的问题："请问吴仪部长，为何至今还是独身一人？"

对此，部长是无可奉告，还是避实就虚含糊了事？人们揣测着可能出现的回答方式。然而，吴仪的回答大出众人的意料，她既不回避，也不闪烁其词。

她说："我不信奉独身主义。之所以打单身，和年轻时的片面有关。一是受文学作品的影响，心里有个标准的男子汉的形象，而这种人现实生活中没有；二是总觉得要先立业后成家，而这个业又总觉得没有立起来。然后就是在山沟里一待20年，接触范围有限。等到走出山沟，年龄也大了，工作又忙，就算了吧。"

这一席坦率的回答使众人感到吃惊，同时也使众人大为感动。正是这种坦诚直率的风格，才使吴仪成为对外贸易谈判中辩才无敌的杰出女性。

社会在随着时代不断发展。人类文明进步的进程就像"大浪淘沙"，潮起潮落，物竞天择。

企业商家兴耶衰耶，既有时代大环境的作用，又决定于企业商家自己的胸怀与作为。

谈判是一种竞争，要竞争自然离不开竞争的手段。为此，各种谈判的策略都要充分利用。但是，无论何种谈判都应在坦诚的基础上进行。

坦诚的含义包括：谈判是一种和平的磋商过程，而不是胁迫的代名词，谈判的协议要靠谈判者的信守来保证；谈判者不仅要重视己方的利益，同时也应充分顾及他方的利益。

正如美国前国务卿、著名的谈判专家亨利·基辛格认为的那样：在外行人眼里，外交家是狡诈的。而明智的外交家懂得，他决不能愚弄对手。从长远的观点看，可靠和公平这种信誉是一笔重要资产。

确实，单从实用主义的角度而言，坦诚对于一个谈判者而言是绝对重要的。如果你被认为不可信赖的话，人们只会告诉你由于你的职位或头衔而必须告诉你的东西，除此之外，你可能甭想再额外得到些什么了。

相反，当对方认为你可信时，谈判后，一些私下里的时候，他或她也许会告诉你一些从谈判上所无法知道的东西。例如：

甲：瞧，我知道我们的出价是低了点，不过，我们对贵公司的产品确实很感兴趣。

乙：可是，你们在价格上的态度让人感觉一点通融的余地都没有。

甲：我知道这个。可是如果贵公司能稍作让步，我们的价码还会变化的。

这段有趣的对话，也许会成为你走向成功的台阶。这不是因为你用阴谋诡计控制了别人，而是因为你得到了信赖。

只是当人品的正直无可置疑时，秘密和关键的材料才会透露给你。

如果你被对方认为你说的话是值得信赖的话，你就要尽力维护这一形象，这至少对你与对方的下次谈判是至关重要的。

信守承诺才能确立威信

说话要守信，行动要果断。有命令就要执行，有禁规就要制止。法度不轻易改变，制度也不轻易变动。政务不轻视，策略不轻随。领导就要这样来立信。

俗话说："一言既出，驷马难追。"《诗经》中说："白圭上的污点，还可以磨去；言语上的污点，就不能掩盖了。"

领导立信在上，官员民众遵守在下；法制政策令行在上面，所有官员民众共同执行在下面。就是说：只要是言语都得守信用。没有信用的言辞，不是正人君子所说的话，而与禽兽没有差别了。所以古代圣贤注重诺言，一言九鼎。

周公以桐叶封弟，文王以存原立信，尾生高以守信而淹死，季布一诺千金，这些都成了千古美谈。示信于人，所以能得人；示信于国，所以能得国；示信于天下，所以能得天下。

所以，老子重视戒除"轻诺"，孔子重视"讷言"。

老子说："轻易许诺的人，必然少有信用。"

孔子说："君子不善于言辞，却每捷于行动。"又说："守信用的人，人们就信任他。"

叔向说："君子的言辞，守信用而有验证，所以怨恨就远离于他身边；小人的言辞，超越本分而没有验证，所以怨恨很快就上来了。"

子夏说："君子必须取得信任后，才去役使百姓，不然百姓以为是虐待他们。先要取得信任，然后才去规劝他人，否则君主以为你在诽谤他。"

信发自于心，诚发自于意。信出自于口，所以成就于德。

曾经有人说："黄金不能改变我的言辞，死亡不能改变我的信守。"又说："信用说出来容易，做起来则困难。小信守于言，大信守于心，君子守言，圣人守心。"这些都是千古名言。

从前明太祖朱元璋，曾经以大胆的行为，使敌人的精壮降兵，都变成自己的骁勇死党。在他起兵攻破采石矶后，长驱直入集庆，水陆并进，先攻破陈兆先的兵营，随即就利用他们。

在降兵中挑选精壮骁勇的士兵五百人，直接归纳于军中。这五百人都感到惊恐不安，朱元璋知道他们内心的想法后，便筹划着怎样才能让他们安稳而不害怕，信任而不怀疑。

最后，决定采取用他们先对他们信任，而招致他们有信仰的策略。在晚上进入营区五环侍候，自己也解甲就寝，而且把自己原来的人员调开，仅留冯国用一人侍睡在床前。此后，人心大定，都相信了他的至诚。

攻打集庆时，冯国用就率领这五百降兵，首先冲锋陷阵，在蒋山下打败元军，威逼城下。各路兵马快速奔进，一举攻克南京，这五百人确实出了大力，立了大功。所以说，没有威信，就不能役使人；没有威信，就不能使人服从。

古人说：言语忠信，行为笃敬，虽是在少数没有开化的民族中都行得通；话不忠实、不信用，行为不诚实、笃敬，就是在本乡也行不通！这的确是真诚的话。

从前晋文公攻打原地，只带10天的粮草，并与大夫约期10天后到原地。时期到了，晋文公鸣锣退兵，罢休而去，却有来自原地的人说："原地3日就可以攻下吧。"

左右官员也认为对方的粮食力量都快完了，请求等待。晋文公说："我与士人约期10天，不去，就是我失去信用。得原地而失信，我不这样做。"原地的人听说后，就投降了，并说："作为君主像他这样守信用，没有不归顺他的。"

卫国人听说后，都投降了，并说："作为君主像他这样守信用的，有不归顺他的吗？"孔子听说后，记载下来，说："攻打原地而得到卫国的人，是靠信用。"所以说：在民众中没有信用就不能立身。作为国君，军队、粮食都可以丢弃，唯有信用不能丢。

用诚信架起友谊的桥梁

在物质文明比较发达的今天，人与人之间表现出推心置腹的真诚态度，已经显得十分必要。对此，很多有识之士从内心呼喊：人与人之间应该真诚，人与人之间应该多一点真诚，人与人之间应该一切都是真诚的。

事实已经说明：真诚犹如一张人生旅行的通行证。它是一种让人信赖的信物，它是一种让人怀念的信物，它是一种让人亲切的信物。在人际交往中如果缺乏真诚，就等于缺少了车辆，缺少了帆船，缺少了桥梁，缺少了纽带，社会无法将你送往成功的彼岸，无法将你送往胜利的山巅。

真诚是一支轻松愉快的歌，是一杯醇厚甜美的酒，是一首韵味久远的诗。一个人如果有了真诚，就会变得心胸宽阔，心地善良，心底坦荡。

　　在东汉时期，曾经有一对好朋友，一个叫阎敞，一个叫第五常。两人来往密切，交情深厚。特别是阎敞，人品端正，诚信无私，深得第五常的敬重。

　　一天，第五常来到阎敞家中，说道："阎兄，小弟奉命调京城供职，路途遥远，且限日到京，行程匆促，钱物携带很不方便，我想将130万贯钱先寄放在兄长这里，以后再来取，您看行不行？"

　　阎敞满口答应，说道："这有什么不可以的，我一定代贤弟妥善保管，你什么时候来取都行。"于是，第五常就把130万贯钱送到了阎敞家中，阎敞当面把钱封存好。

　　第五常起程赴京那天，阎敞十里相送，送了一程又一程。第五常再三劝说留步，两人方依依惜别。临别时，第五常还说："那笔钱阎兄如果需要用，您尽管用就是了。"

　　第五常到京后不久，京城突然爆发了一场瘟疫。第五常一家不幸染上此症，先后死去，只留下了他的一个小孙子。第五常在临终前抖抖索索地拉着小孙子的手，断断续续地说："你如果……能……活下来，年纪……这么小，怎么……生活啊？我有……30万……贯钱，寄放在……家乡……你……阎敞爷爷……家中，你可以……取来……维持……生计……"

　　第五常去世了，他的孙子记住了他的话，知道他在家乡的阎敞爷爷家中寄放了30万贯钱。但当时年幼，路途又远，无法去取回这笔钱，只能靠他家在京的亲戚朋友周济度日。

　　十几年过去了，第五常的小孙子长大了，这才返回故里。为了安置家业，他想去找阎敞爷爷取回爷爷存放的钱，但心里总觉得不踏实。口说无凭，手中没有任何凭据，这么多年过去了，能拿得到这笔钱吗？

　　一天，阎敞正在书房里读书，忽然家人进来说，有一位青年公子求见。阎敞来到客厅一看，觉得似曾相识，又实在想不起是在什么地方见过，是不是真的见过？那青年拜见了阎敞，说起爷爷第五常，阎敞才知道原来他是五常贤弟的孙子。

阎敞闻听五常贤弟一家的不幸，回想起过去两个人的友情，百感交集，为朋友哀伤。第五常的孙子还没有启齿问钱的事，阎敞就说了："你的生计暂时不用发愁，你爷爷有130万贯钱寄放在我这里，你现在可以拿去用。"

第五常的孙子一听，着实吃了一惊，爷爷说的是30万，不是130万呀！于是，他将爷爷临终前的话说了一遍，问阎敞爷爷说："您老人家是不是搞错了？没有那么多，只有30万。"

阎敞忙说："没有错，没有错！孩子，我估莫是你爷爷在重病之际，头脑兴许不清醒，把话说错了。"说着，忙到储藏室将第五常当年寄放的130万贯钱搬了出来，亲手交给了第五常的孙子。

第五常的孙子接过钱来，含泪告辞。他在想：阎敞爷爷不愧是我爷爷的好朋友。这真是钱财有数，诚信无价啊！

交友要交心，待人贵在诚，真诚地对待朋友，应该讲信用，守诺言，言必信，行必果。第五常奉调赴京履职时之所以将130万贯钱寄放在阎敞家中，就是因为他相信阎敞这位朋友，就是因为他知道这位朋友人品端正、诚信无私，而且后来发生的情况也确确实实证明了这一点。

正所谓："钱财有数，诚信无价！"人世间，只要有真诚，就会产生心灵的感召，心灵的呼应，心灵的直白；即使是遇到挫折，也不会气馁；即使是遇到晚秋，也不会寂寥；即使是遇到冬夜，也不会觉得寒冷。

人与人之间如果有了真诚，便有了进步的阶梯，便有了成长的沃土，便有了融洽的氛围，便有了友谊的桥梁，便有了关系的和谐。由此可见，只要有真诚存在的地方，那里永远阳光明媚，万里无云，每个人都会自由地呼吸，自由地生活，自由地拥抱太阳，脸上总是洋溢着舒心的微笑。

当今时代，人们渴望真诚，人们呼唤真诚，人们需要真诚。只有让真诚植根于广袤的大地，映照于辽阔的江海，扎根于众人的心灵，人与人之间就会更磊落，世界就会更美好。

我们渴望真诚，我们呼唤真诚；我们感戴真诚，我们崇尚真诚。对待朋友要真诚，对待异己者更需要你付出加倍的真诚，才有可能化敌为友，使之成为你的朋友。

把自己的诚意展示出来

在所有的交际要诀中，有一个字是最重要的，那就是"诚"字。有位文化名人说过这样一段话："天地之所以不息，国之所以立，圣贤之德业所以可大可久，皆诚为之也。故曰：诚者，物之始终，不诚无物。"

这句话的意思是说：天地之所以经久不息，国家之所以安治，人们崇敬的先贤圣人之品德事业之所以不断地发展光大，都是因为一个"诚"字在起作用。所以说，诚，关系到万事万物的生死存亡。不诚，就没有万事万物。

那么怎样才能展示你的"诚"呢？我们应该看到，我们所说的"诚"字，其含义是人必须虚怀若谷，心底坦荡，毫无私心杂念，这样才能做到真实无妄，对任何人不欺骗。只有这样，才能交几个真心的朋友。所以，交朋友，自己要先做到内心至诚至真。

"诚"的作用在于团结身边的人，共同一心，成就大业。人的本性是善良的，任何人都不喜欢虚伪。所以，只有至诚才能从自己的身上把虚伪的劣根彻底铲除掉。这样，所有的人才能团结得像朋友一样，同时共苦、出生入死、同心同德，干出一番事业。

怎样才能做到"诚"字，曾老夫子认为最起码要做到以下五点。

一是诚恳。知道自己的过失便加以承认和尽快改正，没有丝毫的吝惜掩饰之心，这是最难做到的事情。豪杰之所以成为豪杰，圣贤之所以称其为圣贤，都因为他们为人诚恳、光明磊落，这是常人望尘莫及的。反之请你想一想，其实能够战胜自我而达到内心的诚恳，那该是多么快乐的事情啊，由此不知可以省去多少纠葛羁绊，避免了多少遮掩矫饰的丑态啊。

二是诚实。知道自己的实际能力与水平，不喜爱那样的虚名。自古以来都是三种人的身边常有祸事：包藏祸心、想害别人利益者，会反受其害；过分嫉妒，容不得他人的人，不被他人所容；再有就是喜爱虚名，并且不择手段去窃取的人，早晚会被别人识破揭穿。交朋友就要实心实意，来不得半点虚伪，否则，你就不会交到朋友，而会增添仇家，反惹祸端。

三是诚心。我们应当永远地诚心待人，虚心处世。诚心则会引导你志向专业而勇气十足，历尽千磨百炼而不改初衷，最终必定会有朋友的真诚相助，成就大的事业；虚心则是不矫揉造作、不夹私见，用这种方法来接人待物，对待朋友，最终必定可以被别人所理解接受，顺理成章地成为挚诚的朋友。

四是诚意。俗语说："精诚所至，金石为开，鬼神回避。"所以，曾国藩指出，凡涉世交友之人一定要下决心把"诚意"这两个字理解透彻，处理完美，才好与各种人打交道、交朋友。

诚意即以朴实、廉洁、正直为本体，讲真话、实话、直话，不拐弯抹角兜圈子。也许你的话初听起来让别人不能接受，时间长了，朋友自然能够了解你的心意。

但是如果失去诚意，纵然你妙笔生花，也会露出破绽。骗人的事情只能欺骗一时，不可能永远哄住他人。到头来只怕会搞得人人心中对你设防，心灰意懒。那么，哪里还会有对你真心诚意的朋友呢？

五是开诚布公。对朋友切不可玩弄权术，不可区别贫富贵贱，更不可以攻击别人的隐私或在背后诋毁别人的短处。"人之交，信为本"。与人交往必须讲信用，这是最起码的生活准则。这样，别人才会感到你是一个踏实的人，从而爱和你交往。因此，在交际的过程中，要不嫉妒、不猜疑，小人之心不可取。

要做一个胸怀开阔、光明磊落、心底无私的人，特别是做一个文明的人。绝不用嫉妒、猜疑去对待朋友和同事，而以一颗真诚友好的心奉献给他人。

要学会容忍他人的缺点。改变一个人长期形成的行为习惯是困难的，为此愤恨他人更不是解决问题的办法。宽厚、容忍、善解人意，最能体现一个人的品格。社交中遇事要量力而行，不要轻率地对别人许诺。

在社交场合最忌讳浮夸卖弄的行为，那种不顾别人需要，一味在众人面前出风头的举止，是一种肤浅、缺乏教养的表现。对一些生活枝节问题要尽量表现出"从众"行为,与别人采取比较一致的行动更易与人关系融洽,也是对他人尊重、信赖的表示。

向人道歉时,不要把眼睛往别的地方看,应注视着对方的眼睛,这样才能使人相信你是真诚的。如果你觉得道歉的话不好出口,可以用别的方式替代。

譬如,可以在事后给对方一个真挚的微笑或握手,也可送一点小礼物或一束鲜花,还可以用书信的形式。该道歉的时候须马上道歉,耽搁越久便越难以启齿,有时还会追悔莫及。而接受道歉的人应采取宽容、理解的态度,诚心诚意领受别人的歉意,同时可略作自我批评,以减轻对方的内疚心理。

第三章
会做人

"做人",其实是一种道德修养。平时我们经常听到"做人难,难做人"的感慨,说明做人不是个小问题,而是大问题。事实上,古人的"仁、义、礼、智、信"五常伦理,将其赋予新的内涵,现在依然应该是我们遵行不渝的做人原则。

第一节 老实做人的智慧

巧诈处世不如拙诚做人

有不少人都相信,欺骗、说谎是一种占尽便宜的有利手段,并受此观念的引诱而陷于种种误区之中。岂不知,天下没有一种广告,会比诚实不欺,言行可靠这种美誉更能赢得他人的信任。请看下面这样一段寓言故事。

一个工人把斧头掉进了河里,他坐在河边伤心地哭起来。财神便跳进水中帮他打捞,迅速拿出了一把金斧头,工人却摇头说:"这不是我的。"财神又拿出一把银斧头,工人还是摇头。最后,他拿出了一把铁斧头,工人说:"这才是我失去的斧头。"财神就把金斧头和银斧头一起送给了他。

一个贪心的家伙听说了这个故事,他故意也把斧头扔进河里。很快,财神拿出一把金斧头来,没等财神问他,他立即说:"这就是我丢失的那一把。"财神恨他欺骗人,就和金斧头一起消失了。这个人最终连自己的斧头也找不到了。

《说苑》中说"巧诈不如拙诚"。巧妙的假话一旦流入人的智慧里,是无法战胜天理的。所以胡林翼说:"诚信的最好道理,能够挽救人走出欺诈的极端。一个人能欺骗一件事,不能欺骗所有的事;能欺骗一人,不能欺骗所有的人;能欺骗一时,却不能欺骗万代。"说得真是透彻!

还有这样一则寓言:从前有一位贤明而受人爱戴的国王,把国家治理得井井有条。国王年纪逐渐大了,但膝下并无子女。最后他决定,在全国范围内挑选一个孩子收为义子,培养成未来的国王。

国王选子的标准很独特,给孩子们每人发一些花种子,宣布谁如果用这些种子培育出最美丽的花朵，那么谁就成为他的义子。

孩子们领回种子后，开始精心地培育，从早到晚浇水、施肥、松土，谁都希望自己能够成为幸运者。

有个叫雄日的男孩，也整天精心地培育花种。但是，10天过去了，半个月过去了，花盆里的种子连芽都没冒出来，更别说开花了。

国王决定观花的日子到了。无数个穿着漂亮的孩子涌上街头，他们各自捧着开满鲜花的花盆，用期盼的目光看着缓缓巡视的国王。国王环视着争奇斗艳的花朵与漂亮的孩子们，并没有像大家想象中那样高兴。

忽然，国王看见了端着空花盆的雄日。他无精打采地站在那里，国王把他叫到跟前，问他："你为什么端着空花盆呢？"

雄日哽咽着，他把自己如何精心侍弄，但花种怎么也不发芽的经过说了一遍。没想到国王的脸上却露出了最开心的笑容，他把雄日抱了起来，高声说："孩子，我找的就是你！"

"为什么是这样？"大家不解地问国王。

国王说："我发下去的花种全部是煮过的，根本就不可能发芽开花。"

捧着鲜花的孩子们都低下了头——他们全部播下了另外的种子。

世界上假的东西很多，它们在一时间也确实蒙蔽了不少人，但假的终究是假的，经不起真实的考验。对此，我们在为人出世方面应秉持"巧诈不如拙诚"的信条。

不要让怒气冲昏头脑

俗话说："天有不测风云"。生活中每个人都可能遇到许多不尽如人意之处。比如：在外面做生意失败了；回到家中突然遇到父母不幸去世；太太被老板炒了鱿鱼；孩子踢球把邻居家的玻璃打碎了，邻居找上门来等等。

假使你遇到上述情况，你会有"发疯"的感觉吧。其实生活中有许多人和事，就是因为当事者在突发情况下不理性，而使事情发生恶变，把自己变成了其中的受害者。

曾听说过这样一件事,一位大学生毕业后应聘于一家公司搞产品营销,公司提出试用三个月。三个月过去了,这位大学生没有接到正式聘用的通知。于是,他一怒之下愤然提出辞职。

公司的一位经理请他再考虑一下,他越发火冒三丈,说了很多抱怨的话。于是对方也动了气,明明白白地告诉他,其实公司不但已经决定正式聘用他,还准备提拔他为营销部的副主任。这么一闹,公司无论如何也不能再用他了。这位涉世未深的大学生因自己的不理性而白白地丧失了一个绝好的工作机会。

当一个人冲动时,其全部的注意力都集中在导致他冲动的这一件事情上。对于其他的诸如后果之类的问题,根本就没有时间和空间去考虑。因此有人说"冲动是魔鬼"。无数个令人扼腕叹息的悲剧一再向众人诠释了这句话。包括我们,在自己的经历中也多少有些体会。

心理学家认为,人在受到伤害时,愤怒是正常的反应。而第一个念头便是想攻击伤害自己的人,但在行动前最好先问问自己:这样做能否达到目的?对解决事情有无帮助?

这是一个真实的故事:

在临近高考还有23天的那天早上,在一个时常洋溢着欢乐笑声的班集体里,同学们正在全神贯注地填着志愿表。一切都是那么平静,谁也不敢相信一场流血事件即将发生……

小全,全年级师生公认的一名高才生,拥有无限的前程。但他做事很冲动,只要情绪一来就根本不知道什么是冷静,什么是君子动口不动手。

其实他并不想伤害别人,更不想毁了自己的前途。那是理智与他无缘呢,还是他自己放弃了对理智的索求?事情的起因很简单,一位同学从小全身边走过时,不小心碰了他一下,小全不高兴地说:"走路看着点!"那位同学不以为意地说:"怕碰就别在这里坐着。"小全的火"腾"的一下窜了上来,对着那个同学的面门就是一拳……

待他冷静下来后,他才发现不应该发生的一切已成了现实。他把那位同学的双眼给打瞎了，年满18岁的他将要面临严峻的刑事处罚。

冲动，让一个前程似锦的少年走向了囹圄，知道此事的人无不唏嘘。因为冲动而使自己受伤害的例子举不胜举。譬如：自己向来尊敬的人，如果做出令我们伤心的事情，我们很可能立即讽刺回去；受了陌生人的气，恨不得用原子弹炸他等等。

办公室是最容易滋生怒火的场所，当我们看到能力平平的同事晋升，而自己却备受冷落时，便会怒火中烧；天天为公司卖命，偶尔早点下班，主管就语带讥讽地说："今天才上半天班就自动下班了呀！"便一怒之下跑到老板面前拍桌子，把辞呈往老板面前重重一摔，然后自以为很帅地说："我不干了！"等等。这些做法，在当时可能是出了一口气，但最后吃亏的还是我们自己。

现实生活中，人总是很容易产生冲动的。在一种氛围中、在一种情景下，冲动的情绪会急速冲破理性的防线，使人的情绪、思维和行为出现非常规的反应。

专家证实，人在冲动时，大脑就容易短路。人在短路大脑的控制下，要对棘手问题做出及时、正确的反应几乎是不可能的。生活中我们时常听到这样的信息：某人跳楼自杀后，其朋友都说他平时是很平静、很容易沟通的，没听说过他和谁有积怨，甚至都不知道他会有什么想不开的地方；或者某人动刀砍人犯罪之后，说自己之前从未想过要砍人，和被砍的人也只是因为小事而起冲突的。

那为什么这样的信息我们会经常听到呢？简单地说就是因为人在冲动的时候容易做出一些平时连想都不会去想的事情，从而造成对自己或是对他人的伤害。

在生活当中，理性地面对社会百态，才能使我们的生活提高品位。理性处世，是为人的高素质的体现，也是情感睿智的反映。就像韩信肯受胯下之辱，非但不是因为怯懦，恰恰体现了他过人的理性。而刘邦与项羽决战在即，要韩信出兵相助之时，韩信提出要刘邦封他为"假齐王"，刘邦勃然大怒，大骂韩信不该在这个时候要求封为假齐王。

然而经张良提醒，刘邦马上恢复冷静，转而向韩信骂道："大丈夫要当王须当个真王，怎么可以要求封为假齐王？"随后，立即封韩信为齐王，从而使韩信能出奇兵，最终打败了强敌项羽，夺得了天下。如果当时刘邦不能理性地分析局势，那天下最终归谁所有，便不是个定数了。

生气的人是世界上最傻的人。人只要生气了，其所说的话必是傻话，所做的事必是傻事。人只要生气了，对自己好的话偏不说，对自己不好的话却偏要说。人只要生气了，对自己好的事偏不做，对自己坏的事却偏要做。

小事不妨糊涂一下

俗话说：水至清则无鱼，人至察则无徒。乍听起来，似乎太"世故"了，然而，在为人处世时许多事情往往都坏在"认真"二字上。

有些人对别人要求得过于严格以至近于苛刻，他们希望自己所处的社会一尘不染，事事随心，不允许有任何一件鸡毛蒜皮的事不符合自己的设想。

一旦发现某种问题，他们就怒气冲天，大动肝火，怨天尤人，摆出一种势不两立的架势。他们对许多问题的看法往往过于天真，过于理想化，过于清高。总觉得世界之上，众人皆浊，唯己独清，众人皆醉，唯己独醒。用这种天真的眼光去看社会，许多人往往会变得愤世嫉俗，牢骚满腹。

我们说"水至清则无鱼"，主要强调的是在待人或处世时不能太"认真"。该糊涂时就糊涂，只要不是原则问题，糊涂也未尝不可。所谓"水至清则无鱼"谈论的不是一般的清，而是"至清"。

所谓"至清"者，一点杂质都没有，这岂不是异想天开？然而，现实中更多的人往往是大事糊涂，小事反而不糊涂，特别注意小事，斤斤计较。哪怕是芥蒂之疾，蝇屎之污，也偏要用显微镜去观察，用放大尺去丈量。于是，在他们的眼里，社会总是一团漆黑，这实际上是一种病态。

为人处世要"睁一只眼，闭一只眼"，并不是说可以随波逐流，不讲原则，而是说，对于那些无关大局、枝枝蔓蔓的小事，不应当过于认真。而对那些事关重大、原则性的是非问题，切不可也随便套用这一原则。

汉代政治家贾谊说："大人物都不拘细节，才能成就大事业。"这里的"不拘细节"，就包括了该糊涂时别精明的待人处世之道。《菜根谭》上说："人有顽固，要善化为海，如愤而疾之，是以顽济顽。"对于别人顽固的行为，应善加开导，而不是愤而疾之。试想，两块顽石相撞，怎么会撞出友情？

至察其实并不错，错在于至察之后，不懂怎样待人。人们往往能够将别人的缺点看得一清二楚，却常常忽视自己的缺点。看清别人的缺点并不是坏事，若能分别对待，有益无害。"不责人小过，不发人隐私，不念人旧恶。三者可以养德，亦可以远害。"

不责人小过，就是不要责难别人轻微的过错。人不可能无过，不是原则问题不妨大而化之。"攻人之恶毋太严，要思其堪受。"不可太严厉，一定要考虑到对方能否承受。

在现实中，有的人责备别人的过失唯恐不全。抓住别人的缺点，便当把柄。处理起来，不讲方法，只图泄一时之愤。几个人同室而居，其中一个常常不打扫卫生，常常不提水，另一个人就常在别人面前说那人的坏处，牢骚满腹。久之，传入那人的耳朵中，室中的气氛越变越坏，两个开始冷战，一屋子人都不得安宁。

不揭人隐私，就是不要随便揭发个人生活中的隐私。人都有自己不愿为人所知的东西，总爱探求别人的隐私，关心别人的秘密，让人讨厌。这种行为本身就是对别人人格的不尊重，也可能给他人惹来意外的祸灾。

人与人之间，不能太过亲密，亲密易生侮慢之心。对于别人的隐私，他放在心里不愿与你分享，你就该放下好奇心。何况自己一定也有隐私，"己所不欲，勿施于人"。

假如别人告诉你他心之所思，你更该为其保密。他既然这么相信你，那么你一定要学会珍惜这份友情。对于别人的秘密，三缄其口并非难事，就像朋友的东西寄放在你处，你不可以将它视为你的，想用就用。

《菜根谭》中说：地之秽者多生物，水之清者常无鱼。故君子当存含垢纳污之量，不可持好洁独行之操。

一块堆满腐草和粪便的土地,才能长出许多茂盛的植物。一条清澈见底的小河,常常不会有鱼来此繁殖。君子应该有容忍世俗的气度,有宽恕他人的雅量。绝对不可自命清高,不与任何人来往而陷于孤独。

人往往缺乏容忍别人缺点的雅量,其实世间正邪善恶交错,没有什么是绝对的。所以待人处世须有清浊并容的思想,睁一只眼,闭一只眼,一个人若想创造一番事业,必须有恢宏的气度和容人的雅量。

有些人离得越远越好

能够发现别人的才能,并能为我所用的人,就等于找到了成功的支点。聪明的人善于从别人身上汲取智慧的营养补充自己,从别人那里借用智慧,比从别人那里获得金钱更为划算。

读过《圣经》的人都知道,摩西要算是世界上最早的教导者之一了。他懂得一个道理:一个人只要得到其他人的帮助,就可以做成更多的事情。

当摩西带领以色列子孙们前往卜帝许诺给他们的领地时,他的岳父杰塞罗发现摩西的工作实在过度,如果他一直这样下去的话,人们很快就会吃苦头了。

于是杰塞罗想法帮助摩西解决了问题。他告诉摩西将这群人分成几个大组。每组1000人,然后再将每个大组分成10个小组,每组100人,再将100人分成两组,每组各50人。最后,再将50人分成五组,每组各10人。

然后杰塞罗又教导摩西,要他让每一组选出一位首领,而且这位首领必须负责解决本组成员所遇到的任何问题。摩西接受了建议,并吩咐那些负责1000人的首领,分别找到知己胜任的伙伴。

用心去倾听每个人对你的构想计划的看法,是一种美德,它是一种虚怀若谷的表现。他们的意见,你不见得都赞同,但有些看法和心得,一定是你不曾想过、考虑过的。广纳意见,将有助于你迈向成功之路。

但是,如果你万一碰上向你浇冷水的人,就算你不打算与他们再有牵扯,还是不妨想想他们不赞同你的原因是否很有道理,他们是否看见了你看不见的盲点，他们的理由和观点是否与你相左，他们是不是以偏见审视你的构想。问询他们深入一点的问题，请他们解释反对你的原因。请他们给你一点建议，并中肯地接受。

另外还有一种人，他们无论对谁的梦想都会大肆批评，认为天下所有人的智商都不及他们。其实他们根本不了解你想做什么，只是一味认为你的构想一文不值，注定失败，连试都不用试。这种人为了夸大自己的能力，不惜把别人打入地狱。

要是碰上这种人，别再浪费你宝贵的时间和精力苦苦向他们解释你的理想。他们不值你一顾，还是去寻找能够与你一同分享梦想的人吧！

情感是沟通的桥梁

情感，作为人对客观事物的态度，乃是人的需要和客观事物之间关系的反映。人的全部心理活动，都离不开情感的伴随，情感是沟通的桥梁。

人都是有感情的，也许他会拒绝你的钱，不接受你的礼，但他却不能抗拒你对他的好。特别是那些有才能的人往往自傲，对那些小恩小惠是不屑一顾的。

此时，如果你能够巧妙利用感情作杠杆，让他觉得你是真心对他好，你收获的必然是他的忠心相报。信陵君由于卑身虚心待士，真正的贤者都倾心归顺。

在尊士待士中，信陵君卑身虚心待士最脍炙人口的故事，是他和隐士侯嬴的结交。侯嬴是大梁夷门的一个普通看门人，他年已七十岁了，是个隐居的贤士，所以很少有人知道。

信陵君听说他是个贤才，便前往拜访他，并送给他厚礼。侯嬴不肯受礼说："我修身洁行数十年了。绝不会因为穷困而受公子之财。"信陵君特意为侯嬴摆了丰盛酒宴，并请了许多宾客作陪。同时，他空着车上左边尊贵的座位，自己亲自赶车前往迎接侯嬴。

令人想不到的是，穿着破衣烂衫的侯嬴上了车，毫不谦让地坐在左边的上座,想以此试试公子的态度。对于侯嬴的"犯上"举动,信陵君不仅脸上没有丝毫表现,反而赶车更恭敬了。

车骑经过一个路口时,侯嬴对公子说:"我有一位朋友在前面不远处的市场里,我想顺道去看看他。"

于是,信陵君二话没说,赶着车便进入了闹市。侯嬴下车去会见他的朋友朱亥,故意长时间地跟对方谈话,眼睛却斜看着信陵君的表情,而信陵君却依然和颜悦色地在等着。

这时,魏国的将相宗室宾客已坐满堂,都在等着信陵君来举酒。市人也都观看公子为侯嬴执辔赶车。随从人员都在暗中骂侯嬴不是东西。侯嬴见公子脸色始终不变,才慢腾腾地向朱亥告辞上车。

等到了家里,信陵君态度恭敬地把侯嬴请到上坐,并介绍给宾客,宾客都很惊讶。酒过三巡,公子起身向侯嬴祝寿。

侯嬴对公子说:"今天我太烦劳公子了。我不过是夷门的看门老儿,而公子亲自为我赶车迎接,不该停留公子也停留了。可是,我却是想给公子带来一个好名声,所以让公子长时间站在市中。人们都把我当作小人,而认为公子个礼贤下士的明主。"又说,"我所访的朱亥也是个贤者,他隐居于民间,他人不知道。"

侯嬴这样做,不仅是试探公子能否尊士,也是为宣传公子尊士的声誉。而途中访朱亥也使公子能与贤者结交。如果信陵君不具备精深的虚心待士功夫,见侯嬴如此"不识抬举"不杀了他就算不错了,哪里还会低声下气地以礼相待呢?当然,真那样的话,也就不可能有后来声名显赫、威震强秦的魏公子。后来,侯嬴与朱亥在公子"窃符救赵"中都为之出了大力。

上官婉儿是李唐五言诗"上官体"的鼻祖上官仪的孙女。上官仪是唐初重臣,曾一度官任宰相。高宗李治懦弱,后期又不满武则天独断专行,便密令上官仪起草废后诏书。不料被武则天发觉,便以"大逆之罪"使上官仪惨死狱中,同时抄家灭籍。

时年一岁的婉儿及其生母充为宫婢,被发配东京洛阳宫廷为奴。婉儿14岁那年,太子李贤与大臣裴炎、骆宾王等策划倒武政变,婉儿为了报仇也积极参与。

但事情败露,太子被废,裴炎被斩,骆宾王死里逃生。上官婉儿本来也将被处死,但结果完全相反,竟被武则天破例收为机要秘书。原因何在?主要是上官婉儿有才,而武则天又尤为爱才。

上官婉儿14岁时曾作了一首《彩书怨》的诗,被武则天无意中发现。武则天不相信这么好的诗竟会出自一位女孩之手,便以室内剪彩花为题,让她即席做出一首五律来,同时要用《彩书怨》同样的韵。婉儿略加凝思,就很快写出:

　　密叶因栽吐,新花逐剪舒。
　　攀条虽不廖,摘蕊讵知虚。
　　春至由来发,秋还未肯疏。
　　借问桃将李,相乱欲何如?

武则天看后,连声称好,并夸她是一位才女。但对"借问桃将李,相乱欲何如?"装作不解,问婉儿是什么意思。婉儿答道:"是说假的花,是以假乱真"。"你是不是在有意含沙射影?"武则天突然问道。婉儿十分镇静地回答:"天后陛下,我听说诗是没有一定的解释的,要看解释的人的心境如何。陛下如果说我在含沙射影,奴婢也不敢狡辩。"

"答得好!"武则天不但没生气,还微笑着说,"我喜欢你这个倔强的性格。"并将她14岁入宫时制服烈马狮子骢的故事,讲给婉儿听。接着又问婉儿:"我杀了你祖父,也杀了你父亲,你对我应有不共戴天之仇吧?"

婉儿依旧平静地说:"如果陛下以为是,奴婢也不敢说不是。"武则天又夸她答得好,还表示正期待着这样的回答。接着,赞扬了她祖父上官仪的文才,揭出了上官仪起草废后诏书的罪恶,期望婉儿能够理解她、效忠她!

然而,婉儿不但没有效忠武则天,却出于为家人报仇的目的,参与了政变,成了罪人。这对高宗来说,应是充满同情和设法庇护的。但他惧怕武则天,只能借口有病,"不能多动心思",而让武则天决定。

这对司法大臣来说,只能提出按律"应处以绞刑",若念其年幼,也可施以流刑,即发配岭南充军。而武则天则认为:据其罪行,应判绞刑,但念她才十几岁,若再受些教育,是可以变好的。所以,不宜处死。而发配岭南,山高路远,又环境恶劣,对一个少女来说,也等于要了她的命。所以,也太重些。尤其是她很有天资,若用心培养,一定会成为非常出色的人才。

鉴此,武则天决定对婉儿处以黥刑,即在她的额上刺一朵梅花,把朱砂涂进去。并把婉儿留在自己身边,"用我的力量来感化她"。还表示:如果我连一个十几岁的女孩子都不能感化,又怎么能够"以道德化天下"呢?

结果,武则天确实把婉儿感化了。该杀而不杀,反而留在自己身边,这已使婉儿感激涕零。此后,武则天又一直对婉儿悉心指导,从多方面去感化她、培养她、重用她。

婉儿从武则天的言行举止中,了解了她的治国天才、博大胸怀和驭人艺术,对她彻底消除了积怨和误解,代之以敬服、尊重和爱戴,并以其聪明才智,替她分忧解难,为她尽心尽力,成了武则天最得力的心腹人物。甚至婉儿的生母也曾对人私下议论:婉儿的心完全被武后迷住了!

学会多听不同的声音

世界上只有狂妄的人,或者是愚蠢的人,才会认为自己无所不知、无所不能。一个人的能力总是有限的,认识、了解一个事物必须通过各种渠道去收集有关的信息。

听是接受的前提,各种各样的信息都得听,这样才能给我们的赞美对象作出合乎实际的、恰当的评价。"兼听则明,偏听则暗",是唐朝名臣魏征的名言。本是用来形容封建帝王集思广益,听取各种意见,才能辨别是非曲直,治理好国家。但是,在我们赞美别人的时候,同样应该采取"兼听"的态度,"偏听"是不可能对一个人做出合理的赞美的。

赵括长平之战折损赵兵40万，这个典故几乎是无人不晓。后人多半都将罪责归咎于赵括的纸上谈兵，实际真正的债主应该是赵王，确切地说，应该是赵王的"偏听"导致了悲剧的发生。

别有用心的大臣向赵王推荐赵括，称赞他是将门之后，熟读兵书、精通兵法，定能不负迎击秦兵的重任。随即又是赵括自己一番口若悬河的"纸上谈兵"，使得赵王对这个年轻后生也大为赞赏，听不进"知子莫如父"的赵奢的劝说，最终换下老将廉颇，派赵括带了40万赵兵去跟秦人抗击。

40万赵兵被坑杀，惨绝人寰。如果赵王能够"兼听"的话，把对赵括的各种评价综合起来，做出正确的决断，那么战国争霸，鹿死于谁手，还未可得知。赵王听信一面之词，轻下决断，最终换来了长平之败。

"兼听"能让我们辨别出一些虚假的赞美。因为赞美能给人带来好处，有许多人便会翻动三寸之舌，千方百计地制造和利用虚假的赞美以达到自己的目的。

如果我们如赵王一样，"偏听"这种赞美，就难以做出正确的判断，造成不必要的损失。虚假的赞美可以使听者受到蒙蔽，无法真正看清被赞扬者的优点和缺点。

比如，某厂正准备任命一个科长。在一次回家的路上，张三在和厂长的闲聊中对李四大加赞美，说他办事如何认真，尊重上司，厂里的许多人都希望他能够当上科长。过了几天，王二又对着厂长如此这般地说了一遍。

这时，你若是厂长，该怎么办呢？因为平时李四在你眼中也表现得非常出色，是个做科长的料。如果这时轻下结论，那你就错了。原来这个李四在厂内表现得如谦谦君子，却常在家里聚众赌博，张三、王二都是他的赌友。

尽管有很多人舌绽莲花，善于言辞，常用精美的包装，掩藏虚假的实质，给听者一种逼真的假象，但只要我们采取"兼听"的态度，便能看清其庐山真面目。

"兼听"除了能让我们揭穿虚假赞美，同时也能让我们识破小人的谗言，给当事者以应得的赞美。据说魏王派乐羊带兵攻打中山国，竟然久攻不下。

平时跟乐羊有嫌之人乘机大进谗言，说攻无不克、战无不胜的乐大将军必有异心，因为中山国有他的儿子作人质，他很有可能会率军投降中山国。

一年之后，乐羊灭了中山，班师回朝。论功行赏时，魏王给了乐羊一只精美的大箱子。乐羊还以为是金银珠宝，待回家打开一看，才发现竟是一箱大臣们诋毁攻击他的奏章。

魏王如果"偏听"一班朝臣的谗言，降罪于乐羊，就有可能酿成大错。可贵的是他在听了谗言的同时，也听了为乐羊辩护之言，两相参照，做出明断。那一箱奏章，可以说是他给乐羊的最高奖赏。

礼贤下士才能得到人才

齐桓公是春秋初期齐国国君，军事统帅。姜姓，名小白。春秋时，齐国的国君有两个儿子：一个叫纠，一个叫小白。齐桓公就是公子小白。当时，管仲跟随公子纠，而他的朋友鲍叔牙则跟随公子小白。当齐国发生内乱时，纠与小白分别逃到邻国。

后来，齐国君齐襄公被杀，公子小白率鲍叔牙等人，公子纠率管仲等人，分别向齐国进发，争夺王位。两股队伍在山东路上相遇。管仲为把公子纠扶上王位，对准公子小白射了一箭，而且正好射中。

管仲等人都以为公子小白已死，便带着公子纠慢悠悠地向齐国前进。然而，公子小白并没有死，那一箭只射在了衣钩上。他带领人马加紧前进步伐，抢先回到了齐国，于是登上了王位，当上了齐国的国君，他就是历史上有名的齐桓公。

齐桓公为了感谢鲍叔牙，决定任用鲍叔牙为相，并下令捉拿杀死管仲。鲍叔牙却推荐自己的好朋友管仲为相，自己情愿当副手。齐桓公很是想不通，但鲍叔牙却说：

那时我与管仲都是各为其主，管仲在射您的时候，他心中只有公子纠。我们二人相比，管仲要强我千万倍。如果您想富国强兵，成就霸业，非得用管仲为相不可。您要是重用他，他将为您射得天下，哪里只射得衣带钩呢？

于是，齐桓公便不计前嫌谦恭地拜管仲为相。齐国在今山东省的北部，是东方一个大国。它地处海滨，拥有丰富的鱼盐和矿藏，从太公开始，就"通商工之业，便渔盐之利"。到了春秋年间，农业、手工业，特别是冶铸、纺织取得了迅速的发展。

当管仲被拜为相后，他心里万分感激，衷心效主，为相业绩果真不同凡响。对内积极地推行一系列富国强兵之策，实行经济、政治、军事诸多方面的整顿改革，使齐国国力骤增；对外打着"尊王攘夷"的口号，组织齐、鲁等八国，讨伐不向周王进贡的蔡、楚两国，另一方面又帮助燕、卫等国反击少数民族的进攻，终于使齐国成为众诸侯国的领袖，齐国也由乱而治，称雄于诸侯，并使齐桓公成为春秋五霸之一。

除了齐桓公谦恭得管仲，齐桓公还谦恭礼待下士深得人心，为他的霸业奠定了坚实的基础。《吕氏春秋·下贤》中记载了这样一个故事。

有一次为请教霸业之事，齐桓公去拜见小臣稷，他一日之内去拜访了三次，都没有能见到稷，跟随齐桓公的侍从们都不耐烦了。侍从们说道："尊敬的万乘之君，您去见这么一个小小的官吏，一天之内来了三趟都还没见到，就此作罢，别再去了吧。"

齐桓公回答道："那怎么能行？蔑视权贵的臣子，固然会轻视他的主人；而蔑视霸业的主人也会轻视他的臣子。纵然你蔑视权贵，我哪敢轻视霸业呢？"

侍从们听后，都暗自佩服齐桓公的宽阔胸襟和谦恭待士的高贵品格，都不再多说什么了。于是，齐桓公锲而不舍连续五次拜访后最终见到了稷，虚心向他请教霸业的事情。稷得知齐桓公已五次来访的事后很受感动，与齐桓公促膝长谈。齐桓公受益匪浅。

这件事很快就传为了佳话。大家都说："桓公都能礼贤下士，何愁国家不兴？"于是，众士归之。桓公所以九合诸侯，一匡天下者，遇士于是也。诗云："有觉德行，四国顺之。"齐桓公就是最好的例子。

躬身待人，是对人的尊重。而敬人者人恒敬之，人与人之间的关系往往就是如此。有大才之士不会屈膝求人，居高位的人要向他请教，就要恭身以待，他才会因为感激而尽力相助。

齐桓公身为一国之君主，为求教成就霸业之士，不计身份五次拜见布衣之士，不厌其烦，最终得见。足见其为实现称雄诸侯的千秋伟业的气魄，也有礼贤下士、谦恭待士的心胸气度。

即便你有雄才大略、足智多谋，但一个人的力量有时往往是单薄的。"众人拾柴火焰高""三个臭皮匠顶个诸葛亮"。身居高位的人要有礼贤下士的胸怀，谦恭地对待属下，集众人的力量为己所用，以实现自己的既定目标。在一个团队中，领导者特别要注意运用这种智谋。

没有人不喜欢被赞美

在我们的生活中，每个人都给"享受"做了不同程度的定义，但是，人生真正的一种享受是什么呢？那就是能够与熟练掌握说话艺术的人交谈。

那具备这样的说话艺术需要些什么呢？其实很简单，只要能够清晰地表达、简洁用词，再加上抑扬顿挫、恰当的语调，就可以吸引你的听众，甚至是打动别人。

在现代社会上，似乎会说奉承话的人比较容易生存，任何一个人听到别人称赞自己时，都是非常高兴，即使过后他明知对方说的是奉承话，但心里还是会美滋滋的。所以学会称赞别人成了人际交往所必备的一种技巧。但前提是，称赞别人的话必须得真诚、得体。

表面看来称赞别人，使对方高兴，事实上，受益的却是你自己。在你称赞别人的同时，别人会觉得你是一个容易接近的人。为此，你会得到很多朋友。在你遇到困难或需要帮助时，他们会很乐意来替你解决，助你走向成功之路。

生活在这个高科技时代，人与人的接触越来越少，身边的朋友也随之减少。只有学会称赞别人，才会让你得到更多的朋友，使你在人生的道路上一路平坦。

三国时期的关羽因为人正直，最厌恶在别人面前说奉承话的小人。当他听人说有一个人特别会说恭维别人的话,只凭着一张嘴就可以生活无忧,根本不用去谋生路后,关羽很是生气,一怒之下便去找到那个人,并且气势汹汹地说道:"听别人说你衣食无忧,仅凭一张会说话的嘴,那么现在你来恭维一下我吧!"

那人听完以后,马上满脸堆笑口中说道:"小民的确是会恭维,可恭维大人您我可不会,因为我恭维的都是那些小人。大人您为人正直,天下无人不知,况且您是最不爱听恭维之话的人,最厌恶那些拍马屁的人,我怎么敢恭维您呢?"

听完此番话的关羽道:"我谅你也不敢恭维,不过我今天就要宰了你这个尖嘴小人,为民除害。"那人听说关羽要杀他,立即扑通一声跪倒在关羽的膝下说:"小民谢恩!"

此时的关羽听到他还说要谢恩,便把已经挥起的大刀又收了回来,问他:"你谢的是什么恩呢?"

那人答道:"天下人都知道关爷您过五关斩六将,杀的也都是天下有名望的大将军。小民只是一个无名无分的平民,今天能死在您的刀下,小民可是烧香拜佛也求不来的呀!如果关爷都不怕弄脏自己的宝刀,小民也就死而无憾了,您就快快成全小民吧!"关羽听了他的话之后,就再也没有话说了,只是"哼"了一声,扭头走了。

有一次,诸葛亮和刘备在巴蜀前线征战的途中,接到了关羽的来信。关羽听说归顺于刘备的马超武艺高强,不顾自己在荆州的任务,提出要从荆州到四川与马超一决胜负。对此刘备很是着急,二人武艺相当,如二人相斗,其中必有一伤,诸葛亮胸有成竹地对刘备说:"不用着急,让我写封信来劝说他。"

于是,诸葛亮在给关羽的信中写道:"我听说关将军欲与马超比武区分高低。以我看来,马超的确是英勇过人,但也只能与翼德同等并驱争先,他怎么能与你'关将军'相提并论呢?再说关将军现在担当镇守荆州的重任,如果你此时离开荆州必定会受到损失的。那样的话,罪过可就大了啊!"

关羽看完诸葛亮的信后,笑着说:"还是孔明知道我的心啊。"诸葛亮的赞美使关羽得到了心理上的满足，并且他还将书信给宾客们传看了，从而打消了去四川与马超比武的念头。由此，我们可以看出，无论是什么人都喜欢听好听的话，顺耳的话。就连那位"为人正直"的关将军也不例外。

"赞美是照在人心灵上的阳光。没有阳光，我们就不能生长。"莎士比亚的这句话说得很有道理，在关羽身上这句话更是体现得淋漓尽致。在这些故事中，当关羽听完他们对自己的一番称赞后，既没有杀人也没有前去四川与马超比武。

无论是什么样的人都喜欢被赞扬。得到别人的赞扬，就是得到了对自己的肯定。受到别人的称赞会让你产生自信，知道自己是一个很有用的人。

心理学家威廉姆·杰尔士曾说："人性最深切的需求，就是渴望别人的欣赏。"

丘吉尔曾经说过："你要别人具有怎样的优点，你就要怎样地去赞美他。"

在我们的日常生活中，无论是任何人，能够恰当地赞美他人一定会使你们的相处更加和谐；同时也肯定了你自己的价值，使你得到一种成就感。不过要注意的是，在赞美的同时，应实事求是，不能无止境地去扩大他。只有真诚的赞美，才会使对方提高对自己的看法及好感。当然，他为了你的赞美，也会尽全力去规范自己。赞美具有一种神奇的力量，真诚的赞美更加会推动他人的前进步伐。

那么，我们应如何去赞美别人呢？首先，我们必须把称赞与奉承区分开来。称赞别人是智者所为，是走向成功的通行证。而后者则是小人所为，为了牟取私利，去奉承他人，这样的人在社会中既不可能帮助他人也不可能会奉献自己。

想要走向成功就必须学会称赞，现实中有很多人都不能够很好地把握它。现在我们列举一下应怎么去称赞他人。

第一，当你对他人的发言或建议表示赞同时，你一定要说出来，仅凭暗示是不行的。

第二,当你不赞同时,切记不要在大庭广众之下指出来,这样是很容易伤人的。如果你能把握好这点,今后他会成为你的一个好朋友、好帮手也说不定。

第三,要敢于承认自己所犯的错误,别人会因为你的这种勇气而对你的行为谅解。

第四,尽量不要与别人发生口角方面的争执。在争论中是不会赢得朋友的,即使你持的是正确意见,因为没有人想让自己的意见是错误的。

在我们的生活中,特别是作为一个管理者,更应该去称赞你的员工,对员工的进步与业绩给予肯定。不要吝啬你的赞美之言,一句赞扬的话语,可以使员工认识到自己存在的价值。

有时候,一句赞扬的话语远远超过了物质上给予的满足;同时,还会使员工更加敬重你。语言的"巧",前提就在于是否用得恰到好处。如果可以很好地把握这一点,那么你的成功之路一定是平坦的。

第二节　包容退让的智慧

做一个能包容他人的人

包容是为人处世中应该具备的必备个性,它既是一个人素质的反映,也是一个人获得快乐的良方。

就实际来说,生活中遇到不顺心的事是正常的,受到别人的伤害有时也是会有的,但是怎么办呢?是包容忍让,还是以牙还牙呢?对此,我们应该有正确的认识。一般来说,非原则的事情,我们应该以良好的包容之心来对待与感化,而没必要针锋相对、据理力争。因为,包容忍让不仅是一种智慧,更能彰显一个人的气度与风范。

圣人之所以为圣人,一是能对人对物做到无尽的奉献;二是有广博的胸怀,能容天下难容之物和事。

孔子无疑是儒家心目中的大圣人。《论语》中记载了孔圣人有大海般胸怀的种种言行。他说自己"吾少也贱,故多能鄙事",由于孔子年轻时家庭贫苦,所以各种低贱的事都能干。他说"生而知之者上也",但说自己"我非生而知之者,好古,敏以求之者也"。他的这种包容万能的好学精神是无所不在的。他说:"三人行,必有我师焉,择其善者而从之,择其不善者而改之。"

有一次,楚国大臣叶公问他的学生子路,你的老师到底是怎样的一个人?子路一时难以说清,只好回去请教孔子,孔子便说:"汝奚不曰:其为人也,发愤忘食,乐以忘忧,不知老之将至,云尔。"其意是说,你何不说:我的老师热衷于学问,有时连饭都忘了吃;如果对一件事感兴趣,就会不知厌倦,而忘掉了一切烦恼忧愁;并且从来不感到自己渐渐老了。如此等等。

孔子待人,更是具有标准的忠恕精神。他的学生说,老师温和中又有严厉,相貌威严但不猛烈,恭敬又不使人受拘束。他自己的观点是"己所不欲,勿施于人",可以说从不主观处理任何事情。对于世人梦寐以求的富贵,他却有自己独特的观念:"不义而富且贵,于我如浮云"。由此可见,孔子称之为圣人,真是受之无愧。

在为人交往过程中,人与人之间由于认识水平不同,有时造成误解经常会产生矛盾。如果我们能有较大的度量,以谅解的态度去对待别人,这样就会赢得时间,矛盾得到缓和。

相反,如果度量不大,即使丁点大的小事,相互之间也会争争吵吵,斤斤计较,最终伤害了感情,也影响了友谊。

古人常说:"将军额上能跑马,宰相肚里可撑船。"佛界也有一名联:"大肚能容,容天下难容之事;开口常笑,笑世间可笑之人。"这些名句、名联无非是告诫人们,为人处世要豁达大度。

豁达大度说起来容易,实则做起来很难。它要求人们在社交场上,必须抑制个人的私欲,不为一己之利去争、去斗,也不能为了炫耀自己而贬低他人。

偏见往往会使一方伤害另一方。如果另一方耿耿于怀,那关系就无法融洽。反之,受害的一方具有很大的度量,能从大局出发,这样就会使原先持偏见者,在感情上受到震动,导致他转变偏见,正确待人。

历览古今中外,大凡胸怀大志,目光高远的仁人志士,无不大度为怀;反之,鼠肚鸡肠、竞小争微、片言只语也耿耿于怀的人,没有一个成就了大事业,没有一个是有出息的人。

只要有一种看透一切的胸怀,就能做到豁达大度。把一切都看作"没什么",才能在慌乱时从容自如;忧愁时增添几许欢乐;艰难时顽强拼搏;得意时言行如常;胜利时不醉不昏,有新的突破。只有如此放得开的人,才能算得上豁达大度的人,才能尽显气度与风范,并更好地赢得他人的尊敬。

学会原谅你的"敌人"

生活中因误解或种种原因,而出现"敌手"的事情是时而有之的。有"敌手"必然会引起心情的不快,并在诸多方面形成障碍。那么,懂得如何化解,便是十分宝贵的。

俗话说:多一个朋友多一条路,多一个敌人多一堵墙。

我们都知道这句话,也明白这个理。但是,一旦知道别人做了对不起自己的事,仍免不了耿耿于怀。看到这个人时,轻则如陌路相逢,视若无睹;重则似仇人相见,分外眼红。有多少人能不计旧怨与仇人把酒结欢呢?

其实,冤冤相报,未必有什么好处:他损害我在先,我怀恨于心在后,于是便费心费神地盯着他,一心想寻个机会,以牙还牙。

但静下心来想一想,报复之后又得到了什么呢?而为一时意气之争,图片刻之快,又会失去多少本该属于自己的快乐和轻松啊!费尽心机去精谋细划,绞尽脑汁来苦苦算计,最终换来的仅仅是别人的敌视与更深的怨恨,实在划不来了。

倘若是国恨家仇,非报不可,那是另说。但在现实生活中,平素与我们结怨的,多半是为利益冲突而起,或是为意气之争。为小利而结仇,可能损大利;为一时意气而结仇,可能惹大祸。都是得不偿失的事。

在不违反做人原则的前提下，以德报怨不失为一种高明的处世之道：即使他与我们曾有过节，我们也应尽力做到不计前嫌；他大红大紫春风满面时，我们不妨去锦上添花；他落拓困窘、山穷水尽时，我们不妨雪中送炭。用我们真挚的热情，融化冰封的情感，脱去彼此面容上冷漠的伪装；用我们的大度与宽容，擦去恩怨的污浊，让纯洁的灵魂更加透明。

这样，我们就无须绞尽脑汁劳心伤神算计别人，也不需紧绷神经，警惕一切动静，防人算计；我们可以不再担心自己得胜之时无人喝彩，也不用害怕陷入危难之际孤立无援，这样处世岂不堂堂正正？这样做人岂不轻轻松松？

林肯当选为美国总统后，他对政敌的态度引起了一位官员的不满。这位官员批评林肯说："你为什么试图跟那些敌人做朋友？你应该想办法去打击他们，去消灭他们才对。"林肯平静而温和地说："难道我不是在消灭我的敌人吗？当他们变成我的朋友时，就没有敌人存在了。"

面对"敌人"，大多数人的看法是毫不留情地把他消灭掉，因为对敌人的仁慈，就是对自己的残忍。这话听起来很有道理。但事实并非绝对如此，正如一位哲人所说的："我们的成功，也是我们的竞争对手造成的。"所以在一定的情况下要像林肯那样，用宽容的眼光去对待"敌人"，用宽容来"消灭"他。

在怎样消灭敌人这件事情上，还有一个人的做法与林肯较为相似，这个人就是拿破仑。拿破仑对面前的任何障碍都狂怒异常，对待任何胆敢抗拒他的意志的人都严厉无情。可当他获胜时，这种态度就全然改变了。他对败军极为仁慈，他真诚地怜悯他们。他经常对手下的人说："一个将领在打了败仗那天是多么可怜！"

以下是一则拿破仑宽容敌人的故事。

有两名英军将领从凡尔登战俘营逃出，来到布伦。因为身无分文，只好在布伦停留了数日。这时布伦港对各种船只看管甚严，他们简直没有乘船逃脱的希望。

对家乡的热爱和对自由的渴望，促使这两名俘虏想了一个大胆而冒险的办法。他们用小块木板制成一只小船，准备用这只随时都可能散架的小船横渡英吉利海峡。这实际上是一次冒死的航行。当他们在海岸上看到一艘英国快艇，便迅速推出小船，竭力追赶。他们离岸没多久，就被法军抓获。

这一消息传遍整个军营，大家都在谈论这两名英国人的非凡勇气。拿破仑获悉后，极感兴趣，命人将这两名英军将领和那只小船一起带到他面前。他对于这么大胆的计划竟用这么脆弱的工具去执行感到非常惊异。

他问道："你们真的想用这个渡海吗？"

"是的，陛下。如果您不信，放我们走，您将看到我们是怎么离开的。"

"我放你们走，你们是勇敢而大胆的人。无论在哪里，我见到有勇气的人就钦佩；但是你们不应用性命去冒险。你们已经获释，而且，我们还要把你们送上英国船。你们回到伦敦，要告诉别人我如何敬重勇敢的人，哪怕他们是我的敌人。"

拿破仑赏给这两个英军将领一些金币，放他们回国了。

许多在场的人都被拿破仑的宽宏大量惊呆了。只有拿破仑知道，他的士兵们将从这番话中受到怎样的鼓舞，他的人民将如何赞扬他的宽容无私。他似乎已经听到了士兵们震天的呼声以及巴黎激动的口号。

哲学家卡莱尔说："伟人往往是从对待别人的失败中显示其伟大的。"用宽容的态度去对待你的"敌人"，这样就会表现你的与众不同之处，也正因为你闪光的人性，使你能得到别人的信任和敌人的佩服。这样你就既赢得了他们的心，也取得了最高层次的胜利。

宽容的人会更快乐

世界上有许多悲剧，许多恐怖，都是因为人与人之间的不能容忍所造成的。然而，忍让和宽容说起来容易，做起来却并非容易的事。当我们受到无辜的伤害时，总是会有一颗报复心的。但是，报复却并不能给我们带来快乐，这一点从印度大文学家泰戈尔的《画家的报复》一文中可以得到答案。

一位画家在集市上卖画，不远处，前呼后拥地走来了一位大臣的孩子。这位大臣在年轻的时候曾经把画家的父亲欺诈得心碎而死。这孩子在画家的作品前流连忘返,并且选中了一幅,画家却匆匆地用一块布把它遮盖住,并声称这幅画不卖。

从此以后,这孩子因为心病而变得憔悴。最后,他父亲出面了,表示愿意付出一笔高价。可是,画家宁愿把这幅画挂在自己画室的墙上,也不愿意出售。他阴沉着脸坐在画前,自言自语地说:"这就是我的报复。"

每天早晨,画家都要画一幅他信奉的神像,这是他表示信仰的唯一方式。可是现在,他觉得这些神像与他以前画的神像日渐相异。

这使他苦恼不已,他不停地找原因。然而有一天,他惊恐地丢下手中的画,跳了起来:他刚画好的神像的眼睛,竟然是那大臣的眼睛,而嘴唇也是那么酷似!

他把画撕碎,并且高喊着:"我的报复已经回报到我的头上来了!"

这个故事告诉我们,一个人若是存心报复,自己所受的伤害会比对方更大。一个心中充满怨恨的人是永远无法快乐的。

其实,在日常生活中,人与人之间的矛盾没有大到"不共戴天"的地步,只是一些细枝末节的不同罢了。

我们每一个人都既是魔鬼又是天使,优点与缺点共存,美丽与丑陋俱在。与人相处时,我们要尽量看好的方面。至于一些不同之处,一些不必要的摩擦,忍一忍也就过去了。

古时候有个叫陈嚣的人,与一个叫纪伯的人做邻居。有一天夜里,纪伯偷偷地把陈嚣家的篱笆拔起来,往后挪了挪。这事被陈嚣发现后,并没有大吵大闹,而是等纪伯走后,又把篱笆往后挪了一丈。

天亮后,纪伯发现自家的地又宽出了许多,知道是陈嚣在让着他。他心中很是惭愧,主动找上陈家,把多侵占的地通通还给了陈家。

学会宽容,学会大度,是我们每个人生活中的一件大事。整天被不满、怨恨心理所控制的人是最痛苦的人。学会了宽容,你会发现,自己的生活中会多出许多快乐。

与人方便才能自己方便

说到底，人与人之间最高的境界应该是相互理解。俗话说："与人方便，自己方便"。无论任何人际交往的技能，都是殊途同归，都是为了获得理解与支持。

理解他人，能化干戈为玉帛，变仇敌为朋友。最终在融融为乐的人际关系中达到成功，利用"不可思议的关怀，和与公司中任何人都相互透彻地理解"来达到事业的顺畅。

从这个意义上来说，理解是赞美的终极，理解是赞美的超级形态。你在给予同事理解时，他们已经感受到了赞美的阳光，用阳光中最虔诚的一个"笑脸"给予你应有的回报。

俗话说："不以善小而不为，不以恶小而为之。"赞美他人也必须遵循同样的道理，即"不以事小而不赞"。因为在现实生活中，不是每一个人都是人杰英雄，更多的是凡夫俗子。即使是伟人、名人，也不一定天天都有惊天动地的举动可供你赞扬。

在赞美他人时一定要慷慨大方，不要等别人干了大事才去赞美他，要善于从小的事情着手去赞美他人。

在现实生活中，只要你是一个有心人，就会发现有许许多多的小事值得我们去赞美。

如果某天早晨，你的丈夫偶然一次早起为你准备好了早餐，你不妨大大赞美他一番，那他今后起床做早餐的频率将会更高。

如果你家的小孩子，有一天非常小心地在家做好了晚饭等你回家，当你回到家中，先不要吃惊孩子脸上的污渍，也不要惋惜已经摔碎的碗碟，先将孩子赞美一番，即使孩子所炒的菜让人难以下咽。因为你的赞美可以让孩子下顿或者是下下顿饭变成美味。

在公司，如果某位职员，记述你口述的信件，速度比你想象的要快，不妨表扬他或她一下，今后他或她的工作就一定会更加卖力。

如某人在平时帮了你一个小忙,你不妨告诉他,你心里对他的感谢。这样,他才会乐意为你做更多的事。

要从一件小事上去赞美他人,你必须注重细节,不要对他人在细节上所花费的时间和心血视而不见,而要特别地对他人的这番煞费苦心表示肯定和感谢。因为对方所做的一些小事,既说明对方对此的偏爱,也说明他渴望得到应有的肯定与赞扬。

法国总统戴高乐在1960年访问美国时,在一次尼克松为他举行的宴会上,尼克松夫人费了很大的心思,布置了一个美丽的鲜花展台,在一张马蹄形的桌子中央,鲜艳夺目的热带鲜花衬托着一个精致的喷泉。

精明的戴高乐将军一眼就看出,这是主人为了欢迎他而精心设计制作的。他不禁脱口赞道:"女主人为举行一次正式的宴会,要花很多时间来进行漂亮、雅致的计划与布置。"

尼克松夫人听了,十分高兴。事后她说:"大多数来访的大人物要么不加注意,要么不屑于向女主人道谢,而他总是想到和讲到别人。"

也许在别的大人物看来,尼克松夫人所布置的鲜花展台,只不过是她的分内之事,没什么值得称道的。而戴高乐将军却领悟到了其中的苦心,并因此向尼克松夫人表示了特别的肯定与感谢。从而也使得尼克松夫人异常感动。

每天,在我们身边都发生着许许多多的或大或小的事情,并不是每一件小事都值得赞美。从小事上赞美他人的一个重要的要求,就是要善于发现小事所具有的重大意义。要坚信一个道理:不积跬步,无以至千里。不积小流,无以成江海,一件小事往往可以从中发掘出重大的意义来。

一日,作家贾平凹和许多文坛知名人士到一个朋友家中去做客,在这个朋友的客厅里,挂了一幅很大的女性裸体画,在座的知名人士个个要么装作没有看见,却又趁人不经意瞟上几眼。

这时,有个人忍不住了,指着那画上女子的乳房问那家五岁的小主人说:"这是什么?"

小孩子一本正经地说:"妈妈的奶。"众人一阵哄笑。而贾平凹却深有体会地说，这个小孩子胸怀坦荡，堪称是他的老师。并写了一篇题为《我的老师》的文章予以抒发他的赞赏之意。

在这里，我们且不说贾平凹先生是如何谦逊，单说他这双慧眼已足以让我们称道了。在别人看来，这也许只是一件不足挂齿的笑话，而贾平凹却能将成人与小孩进行比较，从而极力赞美了小孩子们纯洁、天真的一面，而抨击了许多成人虚伪肮脏的一面。这和鲁迅发生的《一件小事》有异曲同工之妙。

善于从小事上赞美别人，不仅可以给人意想不到的惊喜，而且可以让你树立一个细心体贴、善解人意的形象。因为在我们的周围有许许多多的人虽然没有做出什么大事，却默默无闻地为家庭、为社会贡献着自己的力量。他们也需要他人的肯定与赞赏。

哪怕她只是一位整日围着灶台打转的家庭主妇，或者是一位已经离开工作岗位的老人，我们都不能忽视他们的存在。面对一位家庭主妇，你可以夸她的厨艺已经和专业厨师相媲美了；面对一位老人，你可以夸奖他为自己家庭付出了很多很多。

退一步海阔天空

法国作家雨果说："世界上最宽阔的是海洋，比海洋宽阔的是天空，比天空宽阔的是胸怀。"以肚量襟怀比喻人的宽容，歌颂人的气度，中外尽然。

宋真宗时，有个以度量闻名的宰相王旦。王旦十分爱清洁。有一次家人烹调的羹汤中有不干净的东西，王旦也没有指责，只吃饭，不喝汤。家人奇怪地问他为什么不喝汤，他说，今天只喜欢吃饭，不想喝汤。还有一次饭里有不干净的东西，王旦也只是放下筷子说，今天不想吃饭，叫家人另外准备稀饭。

如果说忍耐多少掺杂了无可奈何的作料，那么宽容则是发自内心的襟怀坦白。人的成熟，表现在性情上的温厚平和。岁月的烘烤不知不觉地蒸发了心灵中多余的水分，使虚涵的胸怀不至于动辄滥觞，而外面投来的石子也难以激起太大的水花和波纹。宽容别人，也就是宽容自己。不苛求别人，也就是不苛求自己。在这个过于拥挤的地球上，在情感的润滑剂日见减少的情况下，人与人之间的正常联络需要通过宽容的方便之门。

人难免会犯些小错误，或个人能力有限，或因一时粗心，或因现实错综复杂，对你产生误会让你难堪，这些事情在我们的交往中很常见。这时我们不要抓住别人的"小辫子"不放，或者找机会让对方下不了台，恨不得让那人万劫不复。交际中难得的是谅解和宽容，能够原谅别人的过失，理解别人的痛处、难处，宽容几分、忍让几次，那么心胸最狭窄的人也会对你"开阔"的。

宋代的王安石对苏东坡的态度，应当说也是有那么一点"恶"行的。他当宰相"变法"那阵子，因为苏东坡与他政见不同，便借故将苏东坡降职减薪，贬官至黄州，搞得苏好不凄惨。然而，苏东坡胸怀大度，根本没把这事放在心上，更不念旧恶。王安石从宰相的位子上下台后，苏东坡不断写信给隐居金陵的王安石，或共叙友情、互相勉励。或讨论学问，十分投机，两人的关系反倒好了起来。苏东坡由黄州调往汝州时，还特意到南京看望王安石，受到了热情接待，两人结伴同游，促膝谈心。临别时，王安石嘱咐苏东坡：将来告退时，要来金陵买一处田宅，好与他永做睦邻。苏东坡也满怀深情地感慨道："劝我试求三亩田，从公已觉十年迟。"两人一扫往日嫌隙，成了知心朋友。

"生气，是用别人的过错来惩罚自己"。总是"念念不忘"别人的"坏处"，实际上最受其害的是自己的心灵。这样的人，轻则自我折磨，重则失去理智，疯狂报复，往往搞得自己痛苦不堪，这又何必呢？乐于忘记是交际成功者的一个特征。忘记前嫌是一种心理平衡。既往不咎的人，才可甩掉沉重的包袱，坦荡地行事，快乐地生活。

又如华盛顿忍让大度，赢得忠实的追随者，也是一个极好的例子。

1754年，华盛顿还是一名血气方刚的上校军官。有一年，弗吉尼亚州的议员选举战正打得硝烟弥漫，华盛顿也很狂热地投入了这场选举，为他所支持的候选人助威。有个名叫威廉·佩恩的人，是华盛顿的坚决反对者，他到处发表演说，批评华盛顿所支持的候选人。为此，华盛顿极为生气。

有一天，两人在一间小餐馆里发生了激烈的争执。威廉·佩恩觉得自己受了侮辱，不由火冒三丈，抢上前一步，将华盛顿打倒在地。华盛顿忍痛站了起来,却没有反击,命令部下跟他返回营地,一场流血冲突就这样烟消云散。

第二天,华盛顿写了一张便条,派人送给威廉·佩恩,约他到一家酒馆见面,说是要解决昨天两人结下的隔阂。威廉·佩恩看过便条后心想,华盛顿肯定是约他进行决斗。于是在家里找出手枪,做好准备以后,便去酒馆赴约。可他来到后一看华盛顿就傻眼了,华盛顿没有带一兵一卒,也没有佩带手枪,而是西装革履,一副绅士模样的打扮。

见威廉·佩恩进来,华盛顿端着酒杯微笑着站了起来,握住对方的手,很真诚地说:"人不是上帝,不可能不犯错误。昨天的事情是我不对,不该说那些话。不过,你的行动已让我的错误遭受了惩罚。如果你认为可以的话,我们把昨天的不愉快通通忘掉,彼此握手,我相信你是不会反对的。"

威廉·佩恩被深深感动了,紧紧握住华盛顿的手,热泪盈眶地说:"华盛顿先生,你是一个高尚的人,如果你将来成了伟人,我将会成为你永久的追随者和崇拜者。"就这样,一对完全有可能成为仇敌的人做了朋友。后来,华盛顿果然成为美国人民世代敬仰的伟人。威廉·佩恩没有食言,他始终是华盛顿忠实的追随者和狂热的崇拜者。

华盛顿杯酒言和,真实质就是"以退为进"。表面上是退却了,但他的人格却向前迈进了一大步,凝聚力也必然增强了许多。

忍让是免灾去祸的良方

忍让不仅是人生的美德,也是一种智慧的体现。《尚书》中说:"必须有忍,才能成事。"陶觉说:"大凡是英雄豪杰,必然有很大的气度。张良圯上进履,韩信市中钻胯,都是一个忍字,不是平常的人能做到的。"

明朝苏州城里有位尤老翁,开了间典当铺。一年的年关前夕,尤翁在里间盘账,忽然听见外面柜台处有争吵声,就赶忙走了出来。原来是一个附近的穷邻居赵老头正在与伙计争吵。尤翁一向谨守"和气生财"的信条,先将伙计训斥一通,然后再好言向赵老头赔不是。

可是赵老头板着的面孔不见一丝和缓之色,靠在一边柜台上一句话也不说。挨了骂的伙计悄声对老板诉苦:"老爷,这个赵老头蛮不讲理。他前些日子当了衣服,现在,他说过年要穿,一定要取回去,可是他又不还当衣服的钱。我刚一解释,他就破口大骂,这事不能怪我呀。"

尤翁点点头,打发这个伙计去照料别的生意,自己过去请赵老头到桌边坐下,语气恳切地对他说:"老人家,我知道你的来意,过年了,总想有身儿体面点儿的衣服穿。这是小事一桩,大家是抬头不见低头见的熟人,什么事都好商量,何必与伙计一般见识呢?你老就消消气吧。"

尤翁不等赵老头开口辩解,马上吩咐另一个伙计查一下账,从赵老头典当的衣物中找四五件冬衣来。尤翁指着这几件衣服说:"这件棉袍是你冬天里不可缺少的衣服,这件罩袍你拜年时用得着,这三件棉衣孩子们也是要穿的。这些你先拿回去吧,其余的衣物不是急用的,可以先放在这里。"赵老头似乎一点儿也不领情,拿起衣服,连个招呼都不打,就急匆匆地走了。尤翁并不在意,仍然含笑拱手将赵老头送出大门。

没想到,当天夜里赵老头竟然死在另一位开店的街坊家中。赵老头的亲属乘机控告那位街坊逼死了赵老头,与他打了好几年官司。最后,那位街坊被拖得精疲力竭,花了一大笔银子才将此事大事化小,小事化了。

事情真相很快透露了,原来赵老头因为负债累累,家产典当一空后走投无路,就预先服了毒,来到尤翁的当铺吵闹寻事,想以死来为亲属敲诈点儿钱财。没想到尤翁一味忍让,他只好赶快撤走,在毒性发作之前又选择了另外一家。事后,有人问尤翁凭什么料到赵老头会有以死来作讹这一手,从而忍耐让步,避开了这一灾祸。

尤翁说:"我并没想到赵老头会走到这条绝路上去。我只是根据常理推测,若是有人无理取闹,那他必然会有所倚仗。如果我们在小事情上不忍让,那么很可能就会变成大的灾祸。"

可见,忍让是换来平安的法宝,是免去灾祸的良方。忍让绝不是胆怯、懦弱,而是具有丰富积淀的大智慧。

谦让是化解矛盾的好方法

谦让会让你赢得他人的尊重，提高你在他们心中的地位。汉文帝是汉高祖的庶子，被封为代王。他为人仁慈宽厚，当残暴篡权的吕后死后，朝中拥戴文帝继位。一天，汉文帝升殿，发现丞相陈平没上朝，他问道："丞相陈平为何不来？"

站在下面的太尉周勃站出来说道："丞相陈平正在生病，体力不支，不能叩见皇上，请皇上原谅。"

汉文帝心里纳闷，昨日还见他身体好好的，怎么今天就病了？不过他不动声色，只是说："好，知道了，退下。"

退朝后，汉文帝想派人去请陈平，但又一想，陈平是开国老臣，自己应当把他当作父亲一样对待。于是文帝便到后宫换上平日穿的家常便服，到陈平家去探视。陈平在家躺着看书，见汉文帝来慌忙起身行礼。汉文帝急忙把他扶起，说："不敢，朕视卿为父亲，以后除了在朝廷上，其他场合一律免除君臣之礼。"

汉文帝扫视一下屋里的陈设，又说："今天听太尉说您病了，特地前来探望，不知是否请过御医诊视？你年岁大了，有病可不要耽搁呀！"

文帝如此关怀，使陈平非常感动。他觉得不能再隐瞒下去了，对文帝讲了心里话："皇上太仁慈了，可我对不起皇上的一片爱臣之心，我犯了欺君之罪呀！"并借此机会欲把相位让给周勃的想法说了出来。

汉文帝问："为什么？"陈平就把他让相的理由说出来了。吕后死后，诸吕结党，欲谋叛乱，丞相陈平与太尉周勃，共商大计，终于灭掉诸吕夺取政权。陈平认为新帝继位，应记功晋爵。周勃消灭吕氏集团，功劳比自己大，自己应该把丞相的位子让给周勃。陈平把这一切都对文帝说清之后，又诚恳地说："高祖在时，周勃的功劳不如我；诛灭诸吕时，我的功劳不如太尉。所以我愿意把相位让给他，请皇上恩准。"

文帝本来不知消灭诸吕的细节，他是在诸吕倒台后，才被陈平和周勃接到长安的。听了陈平的解释,才知周勃立下了大功,便同意了陈平的请求,任命周勃为右丞相,位居第一,任陈平为左丞相,位居第二。

一天上朝时,文帝问右丞相周勃:"现在一天的时间里,全国被判刑的有多少人?"周勃说不知道。文帝又问:"全国一年的钱粮有多少?收入有多少?支出有多少?"周勃还是回答不上来,感到惭愧至极,无地自容。

文帝看周勃答不出来,就问左丞相陈平:"陈丞相,那你说呢?"

陈平不慌不忙地回答说:"您要想了解这些情况,我可以给您找来掌管这些事的人。"

文帝问:"那么谁负责管理这些事呢?"

陈平回答:"陛下要问被判刑的人数,我可以去找廷尉;要问钱粮的出入,我可以找治粟内史,他们会告诉您详细的数字。"

文帝有些不高兴,脸色沉下来说道:"既然什么事都各有主管,那么丞相应该管什么呢?"

陈平毫不犹豫地回答:"每个人的能力是有限的,不能事无巨细,每事躬亲。丞相的职责,上能辅佐皇帝,下能调理万事;对外能镇抚四夷、诸侯,对内能安定百姓。丞相还要管理大臣,使每个大臣能尽到自己的责任。"陈平回答得有条不紊,文帝听了觉得有道理,连连点头,露出满意的笑容。

站在一旁的周勃如释重负,十分佩服陈平能言善辩,辅政有方,深感自己是个武夫,才干在陈平之下。他想,自己虽说平定诸吕有功,但是辅佐皇帝、处理国政方面的才能比起陈平差远了,为了国家百姓着想,还是应该让陈平做丞相。于是周勃也假称有病,向文帝提出辞呈。

汉文帝非常理解周勃的心情,批准周勃的辞呈,任命陈平为丞相。陈平辅佐文帝,励精图治,促成了汉朝中兴。陈平和周勃两位老臣,都是汉朝开国元老,却"虚己盈人",互让相位,光彩照人。他们不为己利,从国家社稷着想,谦虚相让,很值得今人学习。

做人境界之高低,往往体现在处理矛盾的不同方法上,有人善于化解矛盾;有人善于激化矛盾。大家同在一片蓝天下,难免时有矛盾发生。而矛盾最多也是最激烈的，往往是争利夺位，有时甚至是争得势不两立、不共戴天。

其实这种人实在是钻了牛角尖，人生短短几十年，能够在一起也是一种缘分，何必争来争去闹得大家都不愉快呢？即使要为合理的东西去争夺，也必须讲究策略。也许有人会说："你是站着说话腰不疼，碰到难受的事，你来试一试？"其实，有些东西即使你费尽九牛二虎之力，你也争夺不来的；反而两败俱伤，最重要的是误了你的"下一步"。

有心机者做人总以自己的能力为基础，懂得"力所不及"和"过极"的辩证法则。有些事情，你以谦让为做人之本，才能保全自己、成全自己。否则你非要与强手较劲，只能兵败如山倒。有心机的人一定懂得谦让，他们知道这也许会换来另外的成功资本。

危机面前学会主动和解

与人造成冲突和矛盾，要弄清楚是不是一场误会。如果是被别人误会了，要以坦然心面对；如果误会是自己造成的，要主动与人和解。

被人误解，不要太委屈，错的是别人，不是自己，相信事情终会真相大白。用谩骂的方式处理别人对自己的误解，不如宽容地一笑了之。拿破仑·希尔幽默地讲述过一件他个人在容忍方面的经历，事情是这样的：

有一天，拿破仑和办公室大楼的管理员发生了一次误会。这场误会导致他们两人之间彼此憎恨，甚至演变成一种激烈的敌对情形。这位管理员为了显示他对拿破仑的不悦，当他知道整栋大楼里只有拿破仑一个人在办公室中工作时，他立刻把大楼的电灯全部关掉。

这种情形一连发生了几次，最后，拿破仑决定进行"反击"。某个星期天，机会来了，拿破仑到书房准备一篇预备在第二天晚上发表的演讲稿。拿破仑刚刚在书桌前坐好，电灯熄灭了。

拿破仑立刻跳了起来，奔向大楼地下室，拿破仑知道可以在哪儿找到这位管理员。当拿破仑到达那儿时，发现管理员正忙得很，管理员把煤炭一铲一铲地送进锅炉内，同时一面吹着口哨，仿佛什么事都未发生似的。拿破仑立刻对管理员破口大骂，用的是比那个锅炉内的火更热辣辣的词句，长达5分钟之久。最后，拿破仑实在想不出什么骂人的词句，只好放慢了速度。

这时候，管理员站直了身体，转过头来，脸上露出开朗的微笑，并以一种充满镇静及自制的柔和声调说道："呀，你今天早上有点激动吧，不是吗？"

管理员的这句话就像一把锐利的短剑，一下子刺进拿破仑的体内。想想看，拿破仑那时候会是什么感觉。站在拿破仑面前的是一位文盲，管理员既不会写也不会读，但虽然有这些弱点，管理员却在这场战斗中打败了他，更何况这场战斗的场合以及武器都是拿破仑自己所挑选的。

拿破仑暗自想着：我的良心以谴责的手指对准了我。我知道，我不仅被打败了，而且更糟糕的是，我是主动的，而且是错误的一方，这一切只会更增加我的羞辱。我的良心不仅在指责我，更在我脑海中安置了一些十分令我难堪的念头，它嘲笑我。我站在那儿发呆。我自夸是个高深心理学的学者，是"黄金定律"哲学的创始人，精通莎士比亚、苏格拉底、柏拉图、爱默生等人的作品，还有圣经；而站在我对面的这个人对文学及哲学一无所知，而他虽然缺乏这些知识，却在这一次的口语之中把我打得惨败。

拿破仑转过身子，以最快的速度回到办公室。他再也没有其他事情可做了。当他把这件事反思一遍之后，即刻看出了自己的错误。但是，坦白来说，拿破仑却很不愿意采取行动来化解自己的错误。

拿破仑知道，他必须向那个人道歉，内心才能平静。

最后，拿破仑下定了决心，决定到地下室去，忍受必须忍受的这个羞辱。这个决心并不是很容易下的，拿破仑更是费了很久的时间才达成决定。

拿破仑开始往地下室走去，但这一次比上次走得慢了很多。拿破仑不断地在思考，应该如何进行这第二次的行动，以便把羞辱减到最低程度。

拿破仑来到地下室后，把那位管理员叫到门边。

管理员以平静、温和的声调问道："你这一次想要干什么？"

拿破仑告诉他："我是回来为我的行为道歉的，如果你愿意接受的话。"

管理员脸上又露出了那种微笑，他说："凭着上帝的爱心，你用不着向我道歉。除了这四堵墙壁,以及你和我之外,并没有人听见你刚才所说的话。我不会把它说出去的。因此,我们不如就把此事忘了吧。"

这段话对拿破仑所造成的羞辱,更甚于他第一次所说的话。因为管理员不仅表示愿意原谅拿破仑,实际上更表示愿意帮助他隐瞒此事,不使它宣扬出去,以对他造成伤害。

拿破仑向管理员走过去,抓住他的手,和他握一握;拿破仑不仅是用手和那人握手,更用自己的心和他握手。在走回办公室的途中,拿破仑感到心情十分愉快,因为他终于鼓起勇气,化解了自己所做错的事,这样的处世无不恰到好处。暂时的容忍让步,往往是淡化对手的敌意,最后不断走向强盛,再反过来使对手屈节的一条有用之计,这就是容忍的智慧。在社会交往处世中,这样的事例不少。

1983年,美国通用汽车公司执行经理史密斯,经过深思熟虑后做出重大决策,将公司属下坐落在加利福尼亚州费门托市的一家工厂,与日本丰田汽车公司合并,生产丰田牌小轿车。

当时日本丰田汽车早已以其质优价廉的声誉进入美国市场,驰骋于美洲大陆。能将汽车工厂打入美国本土,自然是雄心勃勃的丰田公司求之不得的好事,因此美方建议一经提出,日方的人员、设备便跨洋过海来美国安家了。

美国人早就对日本汽车"侵入"美洲大陆、抢占美国汽车王国地位反感至极,史密斯竟公然把日本公司明目张胆地请到国内生产汽车,这不是"丧权辱国"的屈节投降,也至少是"引狼入室"的高度让步。为此,美国上下,尤其是汽车界纷纷向史密斯提出谴责和非议。

他的朋友打电话说:"史密斯,这样做,你为了什么呀?我听到了不少对你的批评。这两天,你看过报纸吗?"

史密斯笑着回答:"听到了也看到了,别人有批评的理由,我也有自己的认识。他们不能忍受,但我能忍受。"

"你最好妥协,改变自己的做法,众怒难犯啊!"

"谢谢您的好意。不过,我还不想改变自己的计划。我已做好了忍受一切谴责与谩骂的精神准备。"

到底是引狼入室、纯粹的屈节让步，还是另有一番苦心？史密斯自有他的打算和想法。他深切了解到，美国汽车界之所以在日本汽车大举进攻之下束手无策，一个很重要的原因就是过去太轻敌了。

当初日本汽车刚刚打入美洲之时，几乎所有美国汽车商都认为日本不过是初学者的小玩意儿，是低廉产品。对日本汽车售价低、性能好、省燃料的特点缺乏正确的认识和态度。

等到日本汽车在美国越来越畅销时，美国同行便一筹莫展了。到了现在，日本汽车在各方面都有优势，不承认这一点只能说明是狂妄自大。争取日本技术的帮助，增强自己产品的竞争力，才是争回面子、争回利润的唯一正确出路。所以，史密斯与日本丰田汽车公司合并之举，表面上似是引狼入室的大让步，实际上则是把"老师"请到家里的一大进步；似乎是向日本俯首称臣，实际上了解对方，向对方学习，然后赶超对方。他成功了。

忍受各方面的打击，等待事情的结果来证明自己没有错。如果忍不住气，别人一反对就放弃，说明自己对自己没有信心。虚心向强者学习，甘当小学生，这样对方就不会视你为强大的对手。利用对方优势，降低自己的风险。

第三节　笑对人生的智慧

要相信没有过不去的坎

没有过不去的坎，没有解决不了的事情，这样的论断似乎不够科学和理性。但是这未尝不可作为一种人生的信条存在着，你这么去想，然后这么去做，你可能就会将很多以前认为很难办到的事情，做得很圆满、很漂亮。

这是发生在澳大利亚的真实的故事，有一位青年，他家世代以养羊为生。到了他这一代，经过努力，羊群数量逐年递增，已经发展到10万只的规模。

为此，他感到十分自豪，但又有些迷茫。因为尽管他一再努力，羊群的数量却只维持在10万只上下，不再增长，他非常困惑。有一天，他的爷爷来到他放牧的农场，见爷爷来了，他就用手指着漫山遍野的羊群，很有成就感地炫耀。哪知爷爷一脸不屑地说："我也一样。"年轻人大为不解，正要细问缘故，爷爷却一声不响地走了。

夜色降临，四散的羊群逐渐安静下来。近一段时间，年轻人总是每到半夜时分就听到羊群里发出哀号，第二天，他就发现至少有50只羊被咬死，肚子被撕开，被咬死的羊羔数量更是无以计数。

有一次，一个动物学家经过牧场，年轻人便求教于这位专家，才知道事情的真相。原来在澳大利亚境内有一种野狗，是澳洲的头号食肉兽，估计整个澳洲约有100万只，正是这种动物的存在，才使他的羊群数量不再递增。

他忽然想起爷爷说过的"我也一样"，原来，早在爷爷放牧的时代，就存在这种情况，只不过，谁也没有办法解决而已。既然问题已经找到，能不能彻底解决呢？善于思考的年轻人决心在全澳大利亚建一道防护墙。哪知话一出口，就遭到了家人的极力反对，几千公里的围墙，不但耗资巨大，而且极难维护。

但是年轻人一点儿也不退缩。一开始，他一个人在自家的牧场周围用铁丝网筑起了一道防护墙，后来，他就沿着自家牧场往四周扩展，防护墙一点一点延伸着。

他的这种做法感染了周围的其他人。于是，越来越多的人加入了筑墙的行列，以至于政府也开始关心和资助由他发起的这项筑墙运动。一年以后，一道从南澳洲大海湾，经新南威尔士，穿过昆士兰东部，抵达太平洋沿岸的高1.8米、下部由小眼铁丝网、上部由菱形铁丝网、顶部由带刺铁丝构成的世界上最长的防护墙建成了。

由于它的建成，澳大利亚的羊群数量猛增，它像一条河在澳洲大陆上蜿蜒着，保护着越来越多的羊群。许多年以后，这道防护墙已经成为澳洲人为之自豪的一处旅游景点，前来旅游的人们善意地称它为"爱心墙"。

同样的问题，同样的环境，同样的困惑，只因想法变了，一切就都变了。

生活中，之所以有许多问题困扰着我们，是因为我们没有改变原有的想法和思维方式，致使问题一直悬而未决。只要思路是对的，并且下定决心做下去，任何问题都能得到很好的解决。

但是生活中，我们往往在问题面前手足无措。一想到解决方法的烦琐，我们就退而不前了。事情还没等做，我们想到的就是解决的办法行不通。我们总是对一些难题没有信心，宁愿让那问题一直在那儿放着，却期待别人去解决它，然后我们从中受益。如果人人都抱着这个想法，问题将永远都是问题。

其实，任何问题都有它的解决办法，就看你是否愿意去寻找，找到后又是否愿意花费心思去做。要对自己有信心，相信自己有足够的能力去解决问题，如果真能做到这一点，人生就没有什么问题值得我们害怕了。

危机之前学会缓一缓

人生在世，肯定会有一筹莫展的时候。事实上，这种一筹莫展就是因为没有寻找到合理的策略。对于博弈者来说，当面临强势对手的时候，采用缓兵之策不失为一个快速突破困境、改变局面的合理策略。

在三国时期，魏明帝曹睿时，辽东太守公孙渊称雄一方，自立为燕王，改年号绍汉，联络东吴，侵扰北方。边官报知魏主曹睿，曹睿决计派司马懿率马步军4万前去平定辽东。

司马懿统帅魏军取得初战胜利后，很快把公孙渊困在襄平城里。这时已是秋季了，秋雨连绵，一月不止，平地水深三尺，魏军的运粮船从辽河口出发可直接开到襄平城下。

由于魏军都泡在雨水之中，行坐不安。左都督裴景见状就向司马懿建议说："雨水不住，整个军营中泥泞不堪，军营应当移到前面的山上。"

司马懿听后怒道："擒获公孙渊只在旦夕，怎么可以移营？如果再有人说移营立斩不赦！"裴景诺诺而退。过了一阵，右都督仇连又来告诉说："军士泡在水中苦不堪言，请太尉移营高处。"

司马懿听罢大怒，厉声说道："我军令已发，你胆敢故意违抗！"即令推出斩首，把首级悬于辕门之外，三军军心为之震慑。

司马懿又令南寨人马暂退20里，纵城内军民出城樵采柴薪，放牧牛马。部将陈群疑惑不解地向司马懿问道："从前太尉您攻打叛将孟达时，兵分八路，八日赶到上庸城下，很快生擒孟达而成大功；今带甲4万，数千里而来，不令攻打城池，却使久居泥泞之中，又纵贼众樵牧，我真不知太尉打的是什么主意？"

司马懿笑着说道："您是不知兵法。从前孟达粮多兵少，我粮少兵多，所以不可不速战；出其不意，突然攻之，方可取胜。今辽兵多，我兵少，贼饥我饱，何必力攻？正当任彼自走，然后乘机击之。我今放开一条路，不绝彼之樵牧，是容彼自走也。"陈群拜服。

后来，公孙渊果然率残兵败将突围，被司马懿生擒了。不难看出，司马懿在速战破孟达和缓战平辽东这两次军事行动中运用两种截然不同的战法。

事实上，对于战争来讲，无论哪种策略，其目的都在于取胜，根据实际情况，不为局部或一时的小利所动。在准备未充分，处于弱者地位之时，为争取更大的胜利，最好的策略就是以缓战计策来牵制对手，以弱制强。一旦时机成熟了，当机立断速战速决。

打圆场的技巧原则

需要打圆场的事总是很多，有时要为自己的过失找圆场，有时要为别人的争执吵闹当"裁判"。如果弄得不好，只会火上浇油，不仅不会息事宁人，还会扩大事态。两个朋友争执，非要你裁决不可，如果逃避，反而会同时得罪两个人。那么在劝架时，怎样做才有效呢？有三条原则：

原则一：不盲目劝架。讲不到点子上，非但无效，还会引起当事人的反感。要从正面、侧面尽可能详尽地把情况摸清，力求把劝架的话讲到当事人的心坎上。

原则二：要分清主次。吵架双方有主次之分，劝架不能平均使用力量，对言语激烈、吵得过分的一方要重点做工作，这样才比较容易平息纠纷。

原则三：要客观公正。劝架要分清是非，不能无原则地"和稀泥"。不分是非各打五十大板，笼统地对双方都作批评，这不能使人心服。

一般来说，不能"和稀泥"。但对无关大是大非的小争执，作为第三者，就应该"和稀泥"。"和稀泥"有三种技巧：

技巧一：支离拆分。如果双方火气正旺，大有剑拔弩张、一触即发之势，这时，第三者即可当机立断，借口有什么急事，如有人找，或有急电，把其中一人调走支开，让他们脱离接触。等他们消了火气，头脑冷静下来了，争端也就趋于平息了。

技巧二："欺骗蒙混"。太真了反而误事，碰到这种情况，第三者就应随机应变，以假掩真，然后顺水推舟，变难堪的场合为活跃、融洽的场面。

技巧三：以情制胜。第三者可以拿双方过去的情分来打动他们，使他们主动"退却"。或者以自己与他们每个人之间的情谊作筹码，说："你们都是我的好朋友，你们闹僵了，让我也很难过，就看在我的面子上，握手言和吧。"一般说来，双方都会领第三者的这个面子的，顺梯就下了。

有时双方处于尴尬的境地时，第三者若是以巧妙的角度为双方打个圆场，可以变凝滞的气氛为轻松活泼。中国的一位老诗人严阵和一位青年女作家访问美国，在一所博物馆广场上散步时，恰巧有两位美国老人在旁休息，看见中国人来，他们很热情地迎上来交谈。

其中一位老人为表达对中国人的感情，热烈地拥抱那位女作家，并亲吻了一下。女作家十分尴尬，不知所措。另一位老人也抱怨那老人说，中国人不习惯这样。那拥抱过女作家的老人，像犯了错误似的呆立一旁。

老诗人赶忙上前微笑着说："呵，尊敬的老先生，你刚才吻的不是这位女士，而是中国，对吧？"那老人马上笑道："对，对！我吻的既是这位女士，也是中国！"尴尬的气氛在笑声中烟消云散了。

为自己打圆场最主要的是不刻意回避掩饰。如果是细枝末节的问题，不妨用转移目标或话题的办法，岔开别人的注意力。如果别人已有所觉察而问题并不严重，就稍作解释。

如果性质较严重而且引起了别人的不快甚至反感,就要立即诚恳地致歉,然后较为郑重地做些解释,当场予以解决。拖得越久,后果越不好。

面对两难不妨糊涂一下

说话本应准确、清楚。但在语言的实际运用中,许多话是具有模糊性的。因为现实生活中,有些话不必要也不便于说得太实太死。面对别人的刁难,面对两难问题,不必去苦思冥想,只要使点"心眼",反其之道治其身,用似是而非的语言去解脱,让对手去承受自己设计的圈套。

王元泽是宋朝著名政治家、文学家王安石的儿子。在他刚几岁时,有一个客人把一头獐和一头鹿放在一个笼子里,问王元泽哪一头是獐,哪一头是鹿。

王元泽回答说:"獐旁边的那头是鹿,鹿旁边的那头是獐。"王元泽的回答固然没有错。但是,王元泽的回答是含糊其辞的,因为他没有确切地指明哪头是獐,哪头是鹿。然而妙就妙在这"含糊其辞"上,王元泽如果老老实实地回答"不知道",那就显示不出他的聪颖和机智,也不可能引起客人对他的才华的赞赏了。

法国著名的革命家、空想共产主义者弗朗斯瓦·诺埃尔·巴贝夫,1797年在凡多姆高等法院法庭上受审时辩护说:"当我第一次受审时,我曾隆重地提出保证,我要伟大的、庄严地来维护我们的事业。这样,我才对得起法国的真诚朋友,我才对得起自己。我一定会遵守我的诺言……"

"自由的精神,我是多么感激你!因为你使我处于比所有其他的人更为自由的地位。我所以是更为自由,正是因为我身上背着铁链。我所要完成的任务是多么美好!我所维护的事业是多么崇高!它只许我说出真理,这也正是我要的。即使我的内心感觉没有对我指点出真理,这项事业会迫使我说纯粹的真理。正是因为我身上背着铁链,我在无数被压迫者和受难者之前有发表自由意见的优先权……"

"我们虽然关在人笼里,并受残酷的折磨,但只要我们还能得到那崇高的事业的支持,我们便有责任公开宣布我们所热爱的真理……"

巴贝夫就这样在法庭宣扬了革命理想。这种充满战斗激情的语言，人人都知所讲内容，但也没有明说，却又不失雄辩的力量，非常值得学习。

以德报怨化解人际危机

在现实生活中，与人们相交相处，都要以诚心待人，以善意待人，以和气待人，以礼貌待人。不管对师对友，对上对下，总要以诚实相处。也就是古代的哲人所说的"诚可格天，诚可感人"，以及"给人以诚实，虽疏远也亲密；给人以虚伪，虽亲密也疏远"。

人的品格总是参差不齐的，对待人的方法，也要因人而异。遇到欺诈的人，以诚心感动他；遇到残暴的人，用和气熏陶他；遇到贪得无厌的人，把廉耻送给他；遇到倾邪私曲的人，以仁义气节激励他。这样，天下全在你的陶冶之中了。

对刚毅的人附以柔和，柔和的人振兴他的刚强，懦弱的人激励他坚强，怨恨的人解散他，暴怒的人平静他，恐惧的人安定他，畏惧的人怀柔他，亲近的人正视他，疏远的人亲近他，危险的人解救他，困难的人扶植他，钻营奔竞的人遣散他，恬淡无为的人督促他，有道德的人确立他，有欲望的人遏制他，在贫贱中的人提拔他，在患难中的人周济他，这样没有人不服从的。

"以德报怨"是人们的口头禅。人如果以怨报怨，就会冤冤相报，永无了期。陶觉说：凡是待人接物，必须是自己做主，千万不可因人起见。如果他人薄待我，我也薄待他；他人怠慢我，我也怠慢他；甚至他人诽谤我，我也诽谤他，这就是与他一般见识了。最好是他薄我就厚，他傲慢我就恭敬，他诽谤我就称誉。这样才能扭转人，而不被人扭转。

《宋史》中记载：王旦经常荐举寇准，而寇准数次说王旦的错处，皇帝告诉了他，王旦反而称赞寇准是忠臣。几次以后，寇准也自叹不如了。这就是以德报怨的实例。

圣人对待人，经常能在有罪中求出无罪，在有过中寻出无过，在不可宽恕中寻出宽恕，在不可原谅中寻出原谅。恪尽他的忠诚，容纳他的婉曲，小错予以包涵，并使他受感化而无怨恨，使他改过而从善，这就是敦厚之心，盛德之事。所以清代的李西沤说：攻击人的过错不要过于严厉，要考虑到他能否接受；教育人从善不能要求过高，要使他能做到。称赞人的善，应当根据他的事迹，不应该苛求他的心；攻击人的过失，应当原谅他的心，不应当拘泥于他的劣迹。

这都是留有余地的方法。关于对待人的方法，有人认为"对待君子容易，对待小人困难，对待有才能的小人更难，对待有功劳的小人就相当难"，这就只好以宽大浑厚来处置了。对待君子要这样，对待小人更加如此。无论对待任何人，总要为他留有余地，使他存有顾惜。佛家说："放下屠刀，立地成佛"，有的人也会早晨做小人，晚上转念成为君子了。

明代著名思想家和政治家吕坤曾经说："人到了无所顾忌时，君父之尊，不能使他严肃；惨烈的酷刑，不能使他害怕；千言万语，不能使他明白。到了这个地步，就是圣人也无可奈何了。圣人知道他是这样的，每次就会保留他的面子，体恤他的私情，而不致使他无所顾忌。"

巧妙迂回解脱眼前困境

领导与下属，一般就是命令与服从的关系。但如果是自己能力所不能达到的，有损自己利益的，或是领导没有发现危害性的要求，做下属的就要勇于说"不"。如果碰到的是一个通情达理的上司，说"不"比一味顺从、恭维奉承更能赢得上司的尊重、好感和信任。

上司拒绝下属容易，下属拒绝上司就很难。因为拒绝有可能使上司感到自己的地位受到挑战，威严受到质疑。当上司提出要求，而我们又没有直接拒绝理由的话，我们可以委婉地陈述一些原因，否定支持他要求成立的依据，明理的上司自然会放弃自己的要求。

某公司的经理召开了一个确定新商标的讨论会，这个新商标由经理一手策划。本已经决定了，现在开个会，只是走一下形式，以示民主。

"先生们，今天就新商标的事向大家征询意见，请大家踊跃发言。我这里选了一个，大家面前的就是。"经理说着从桌子上抓起一张纸扬了扬，说："这个旭日商标，大家应该没有什么异议吧？迈克尔先生，你认为如何？"

"很好！"营业部主任迈克尔笑着答道。经理接着又问了其他几个部的主任，大家都表示赞同。

"经理先生，我想谈一点自己的看法。"有一个年轻人站了起来说。他是出口部的职员，叫史密斯，因出口部经理正在国外谈生意便由他替上。

"这个商标很不错，充分重视了我们的贸易伙伴日本，但是却忽视了亚洲最大的我们正努力开拓的中国市场。由于中日特殊的历史关系，中国人怎么能够容忍一个像日本国徽似的商标在国内出现呢？所以，这个商标考虑得不太周到。你认为呢，经理先生？"

经理愣了一下，沉思片刻以后，微笑着说："这个商标有欠妥的地方，商标得重新设计，就交给你们出口部负责吧，你们比较了解国际市场。"

在这一次说"不"中，史密斯利用了迂回战术，欲擒故纵。先称赞商标做得好，下了经理心理戒备的武装，接着巧妙地摆出确凿的事实，权衡这个商标的利弊，不动声色地否定了它。这样，既充分维护了经理的自尊心，又从大局出发，指出该商标的害处，使经理心甘情愿地接受手下的意见，放弃自己的观点。

丰臣秀吉，是日本幕府时代权倾朝野的摄政大臣。一人之下，万人之上，没有人敢对他说个"不"字。有一次，丰臣秀吉突然命令下属准备一下，次日随他上山采蘑菇。这可让他的一帮部下急坏了。如今已过了采蘑菇的时节，山上的蘑菇早没了。如果采不到，老虎一发威，可不是闹着玩的。

下属们绞尽脑汁，终于想出了一条计策。他们到附近村落里紧急收购了一批蘑菇，并把它插到了丰臣秀吉要来的地方。第二天一大早，丰臣秀吉便带着下属们来采蘑菇了。"啊呀！这蘑菇真好，没想到现在还有这么好的蘑菇！"丰臣秀吉赞叹道。

"其实这蘑菇是他们怕大王您采不到而降罪，昨晚连夜插上去的。"其中一个下属乘机"告密"。

丰臣秀吉点了点头，叹了一口气说："农民出身的我，怎么会看不出其中的蹊跷。大家为了我而辛苦了一夜,这份苦心,我又怎么会怪罪呢?为了感谢大家,这些蘑菇就分给你们去品尝吧!"

面对这个没人敢说"不"字的人物,聪明的下属们巧用心机,让他自动放弃了自己不切实际的需要。属下的行为,使丰臣秀吉明白了属下的一片苦心。这份苦心又是对丰臣秀吉无声的赞美,赞美他拥有的权力和地位。他有支配下属生死的地位,他们不择手段地来满足自己的愿意。想到这些,丰臣秀吉自然会产生心理上的满足感。那些下属拒绝的行为,也达到了赞美的效果。

当你的上司向你提出了你不可能做到的要求,只要你做出竭尽全力为他的要求忙碌的样子,领导一般都会发现自己的要求过分了,而主动放弃他的要求。虽然你拒绝了上司的要求,但同样会博得他的好感。

沉着冷静才能转危为安

清康熙年间,有一个同时活跃于政界和学术界的人物,叫李光地。他为清廷出谋划策,平定耿精忠叛乱,收复台湾,是一个杰出的谋略家。李光地早熟早慧,好学深思,聪慧过人。9岁那年,曾不幸落入绿林大盗之手,可是他既能机智应变,又不屈不挠,最终竟说服对手,安全地返回家中。

当时,李氏一门聚族而居,人丁兴旺,家族中在外为官者不少,人们都说:李家"风水"好。周围山里有一个姓李的绿林首领,绰号"李大头",手下聚有百把人。他看中了李家这块"风水宝地",一心想侵占。

一天清晨,人们还在睡梦中,李大头率一批喽啰杀气腾腾地占领了李氏祠堂。李氏一族被这突如其来的袭击吓蒙了,一时不知怎么办。族长召集族中的成年人在祠堂外的空地上讨论对策,李光地跟随父亲也来到了这里。

李大头一眼看到了眉清目秀、资质聪颖的李光地,突然想:自己的儿子已经8岁了,总不能接自己的班做强盗啊,应该让他去读书。若是能让眼前这个孩子去与自己的儿子做伴读书,该有多好啊!

于是,他头脑一转,起了要把李光地收为养子的念头。李大头打开祠堂的大门,指着李光地大声喊道:"喂,你过来!"

李氏一族人吓得大气都不敢出,李父紧紧搂着儿子。李光地推开父亲的手,镇定自如地走进祠堂。

李大头见他来了,心里一阵高兴,马上派人传出话说:"一笔难写两个李字,你们若是同意把小孩送给我做儿子,我带着他远走高飞。从今后,我们井水不犯河水。若是敬酒不吃吃罚酒,就莫怪我李某人不客气了。"

李父抬起头,目光中带着爱怜与无奈,说:"问问孩子吧!"

此情此景被站在祠堂门口的李光地看得一清二楚。结果,他从容地高声对父亲说:"父亲,一切听天由命,您就答应了吧!"

为了保全家族,李父权衡再三,只能点头答应。

这天,李大头对李光地说:"我们已是父子关系了,平常就要以父子相称。"他见李光地未答应,便狠狠地瞪了李光地一眼说,"你听到了没有?"

李光地撇撇嘴说:"你不是我的父亲,我怎么能喊你为父亲呢?"

李大头勃然大怒:"在认养仪式上,不是已经行过大礼了吗?"

李光地接口说:"那是我遵从父命,并不是出自本意。"

"我看你在耍滑头、嘴硬!"说着,李大头劈头就是重重的一巴掌,直打得李光地嘴鼻流血。李大头又把李光地关了两天,李光地还是不愿屈从。

盛怒之下的李大头,想了个坏主意。他命人把李光地关进一间空屋,把门窗关死,用烟向里熏,声称若是李光地不讨饶,就将他熏死。倔强的李光地始终不屈服,被烟熏了一天一夜。李大头估计李光地必死无疑,命人打开门看看。

谁知房门打开,浓烟散去之后,李光地揉了揉眼睛,却摇摇晃晃地站了起来,这简直是奇迹!李大头惊得一时说不出话来。原来,精明的李光地发现靠门边的地面要低一些,门下也有缝隙,就趴在地上,用嘴巴靠着门边缝隙缓缓地呼吸。烟轻向上跑,地面烟雾浓度低,缝隙外又可以换气,因此,李光地能在满屋浓烟中幸存下来。

李大头心想:吉人自有天相,这小东西神态不凡,必定是有菩萨保佑,不知不觉中态度便软下来了。

李光地说话了:"上天保佑,我命不该绝!你懂得'螳螂捕蝉,黄雀在后'这句话吗?"

"此话怎讲?"李大头心头一悸。

"法网恢恢,疏而不漏,朝廷的军队一定要对你们撒下天罗地网,我看你是'秋后的蚱蜢,蹦不了几天了'。你想想,自古哪有不败的绿林人?"

李光地看了看陷入沉思的李大头,接着说:"官军要是抓住你,你全家人都得完蛋,你的儿子也不能幸免。我死了,我还有几个弟弟,我们李家还会代代相传。你的儿子一死,你家的后代就会断了,因而,我劝你要赶快另打主意!"

李光地一番话把李大头说动了心。李大头与妻子一商议,只听妻子说:"这小孩命硬,将来必定会大富大贵。我们已是过了半辈子的人了,该为我们的儿子想想后路了。我们过了半辈子提心吊胆的日子,眼看儿子逐渐懂事了,难道还要让他继续过这种日子?我看不如把李光地送回去,把我们的儿子也托付给他家。保全了儿子,就延续了我们李家的香火,一旦我们有个不测,也不必担心什么。"

妻子的话正合了李大头的心意。于是,他派人请来李光地的父亲,将两个小孩都交给他带回。李光地依靠自己的机敏和倔强,奇迹般地保住了自己的性命,逃离虎口,平安地回到了家中。一个9岁的孩子,在大祸临头之际,竟能机智勇敢,化险为夷,真是不简单。

巧妙消除他人的嫉妒心

有竞争的地方就有嫉妒。嫉妒常常会给你带来危险,甚至可能是杀身之祸。因此,要想保证自己不受攻击,不成为阴谋诡计的针对对象,你就必须在春风得意时,最大限度地克制自己的表现欲,隐藏自己的锋芒,消除他人的嫉妒心。受嫉妒者必须谨防孤高自傲的外在印象。"嫉妒"之心,宜回避而不宜刺激。它像马蜂窝一样,一旦捅破,就会招来不必要的麻烦。这样反而得不偿失,影响前途。

既然嫉妒常常不可理喻、难辨泾渭,那就实在不必去计较你长我短、你是我非，更不必针锋相对，非弄个"水落石出"不可。嫉妒，有时甚至会如毒蛇般残酷地吞噬人。

这里就有一个很好的反面教材。秦始皇听说韩非有经天纬地之才，于是很想得到他，帮助自己完成统一中国的大业。

有一次，韩王派韩非出使秦国。韩非到秦国后，自然受到了秦始皇的高度礼遇。秦始皇称赞韩非说："公子真知灼见，旷世未有。"谁知韩非有些口吃，他断断续续地说道："陛下……非欲……诚……笃……自见……"半天才吐出一句话，脸涨得通红。

秦始皇虽然有点遗憾，但仍对李斯、姚贾说："韩非博学多才，朕观其书，知其人泱泱风范，深明举国之理，治民之法。朕赏其才，不知卿等意下如何？"

李斯等人本来就对韩非很是嫉妒，此时又见秦王对他赞不绝口，心中顿生不满。想想自己为秦国的发展殚精竭虑，也没有得到过秦王这样的厚遇，他们担心韩非会危及自己的地位。于是，李斯等人群起而攻之，将韩非说得一无是处，终于使秦始皇对韩非的印象开始动摇。

嫉妒及其消极作用是不可能彻底消灭的，但经过人为努力，可以使之降到比较微弱的程度，以便不至于阻碍事业成功。要减弱别人对你的嫉妒心，首先不要对嫉妒者反目而视，仇恨相加，要设身处地，为他人着想。

比如，甲和你是大学同学，你晋升为处长，可他却在你手下当一名科长。其实，他的学识、能力、经验等等与你相比，并没有很大的距离，甚至假如没有你，肯定是他被提升。他之所以处在现在的地位，有很大的偶然性。如果你能这么想，就会同情他，理解他，即使他有些嫉妒，也不会怪罪他。在这一感情基础上，你再采取相应的办法，便可以减弱他的嫉妒心。

相反，如果一旦发现别人的嫉妒，便怒火中烧，形之于色，或扬扬得意，置若罔闻，便会使彼此之间的距离越拉越大，最后引火烧身。在对嫉妒同情理解的基础上，应该采取具体的对待办法。

首先，为人处世，故意示弱，以减弱嫉妒。

帕金森说：大多数组织在结构上像一座金字塔。当一个人向金字塔顶端爬去的时候，最重要的岗位越来越少。因此，一个新近被提升的管理者，一定要特别谨慎小心。首先，他从前的大多数同事深信自己应该得到这个职位，并且为自己没有得到它而不快。但特别重要的是：一个被提升的管理者必须想尽办法表现出谦逊和不气势凌人。他一定不要忘记他从前的共事者。

有一位大学副校长任职以后，因被嫉妒而生出闹剧。他原来是一名普通教师，在二十几年的教学、工作和生活中，结识了许多"难兄难弟"，往来甚密，不分彼此。后来，学校班子调整时，有关部门任命他做了副校长。上台以后，他对可能因此而来的嫉妒没有足够的认识，对过去的同事好友颐指气使，表现得得意忘形。没过多久，就招来一片责难。

一天，他正在召开学校中层干部会议。忽然，门被猛然推开，进来一位"难弟"大声喊道："×××，你真够意思！刚扔下要饭棍，就打'花子'！"该校长当即面红耳赤。

其实，尽管大家对他很嫉妒，但如果他能够谦虚和气，尊重下属，特别是尊重那些"老搭档"，让他们觉得他的想法是认为自己实在没有什么了不起，不过是偶然的机遇高升副校长，工作全仗各位支持，否则将一事无成，寸步难行。这样，谁会自讨没趣和他撕破脸皮？

其次，要消除别人的嫉妒心，还必须对嫉妒自己的人关心体贴。对嫉妒自己的人不但不介意，反而为之排忧解难，铺路架桥，这是减弱嫉妒的妙法。

随着改革的深入，发家致富的农民企业家越来越多，有的农民一两年间一跃而为"首富"，这令人"眼红"和嫉妒的程度可想而知。为了减弱别人的嫉妒，他们为乡亲们办好事，出资办厂、办电、办学，抚恤老弱，救济贫困。结果，不仅没有让嫉妒加剧，反而赢得了乡亲们的爱戴。

相反，有些"大富豪"因为不懂得这个道理，导致和乡亲们的关系过度紧张，甚至因此经常受到乡里乡亲的责难和攻击。

最后，要消除别人对你的嫉妒心，还必须对小名小利退避三舍。

事业上获得成功，已经成为嫉妒的目标，如果在有关引人注意的小事上还要争先、"拔尖",可谓火上浇油,实在是下策。此时若能够将更多的名利给予不太如意的人,便可以慰藉其焦急之情,减弱一点嫉妒。有些单位的干部,一遇评先进、选劳模的事儿,务必挺身而出,唯恐落人之后。殊不知,这会越来越加剧下属对自己的嫉妒,导致自己"后院起火"。

老子告诫我们:"不敢为天下先",意思就是不要同下属争名逐利、凡事抢先。他认为这样必然会失去下属的支持,失去自己的地位,"金玉满堂,莫之能守"。现代的人们,确实应该仔细玩味一下"不敢为天下先"的真谛。

微笑能够让人生圆满

现实的工作、生活中,如果一个人对你满面冰霜、横眉冷对,另一个人对你面带笑容、温暖如春,他们同时向你请教一个工作上的问题,你更欢迎哪一个? 当然是后者。

一个真诚的人,他总是微笑地对待每一个人、每一件事。一个人的面部表情亲切、温和、充满喜气,远比他穿着一套高档、华丽的衣服更吸引人注意,也更容易受人欢迎。

有一位知名的公司总裁大卫·史汀生,几乎具备了成功男人应该具备的所有优点。他有明确的人生目标;有不断克服困难、超越自己和别人的毅力与信心;他大步流星、雷厉风行、办事干脆利索、从不拖沓;他的嗓音深沉圆润,讲话切中要害;他总是显得雄心勃勃,富于朝气;他对于生活的认真与投入是有口皆碑的,而且,他对同事也很真诚,讲求公平对待,每一个与之交往的人都乐意与之深交。

但初次见到他的人却对他少有好感。这令熟知他的人大为吃惊。为什么呢? 因为他的脸上一般少有微笑。

如果一个人深沉严峻的脸上永远是炯炯的目光、紧闭的嘴唇和紧咬的牙关,即使在轻松的社交场合也是如此,那么,即使他在舞池中优美的舞姿几乎令所有的女士动心,但却很少有人会同他跳舞。公司的女员工见了他更是畏如虎豹,男员工对他的支持与认同也不是很多。由此可知,没有微笑使他成了一个令人畏惧的人,一个不受欢迎的人,没有微笑就没有生机。

微笑是一种宽容、一种接纳,它缩短了彼此间的距离,使人与人之间心心相通。喜欢微笑着面对他人的人,往往更容易走入对方的天地。难怪学者们强调:"微笑是成功者的先锋。"

下面这个故事,或许能够给那些不善微笑的人带去深刻的启发:

托尼为了替公司找一个电脑博士几乎伤透脑筋。最后,托尼找到一个非常好的人选,刚刚从名牌大学毕业。

几次电话交谈后,托尼知道还有几家公司也希望他去,而且都比托尼的公司大,比托尼的公司有名。当他表示愿意接受这份工作时,托尼真的是非常高兴也非常意外。

他开始上班后,托尼问他,为什么放弃其他更优厚的条件而选择我们公司?他停了一下,然后说:"我想是因为其他公司的经理的声音,在电话里是冷冰冰的,商业味很重。那使我觉得好像只是另一次生意上的往来而已。但你的声音听起来似乎真的希望我能成为你们公司的一员。因为我似乎看到,在电话的那一边,你正在微笑着与我交谈。你可以相信,我在听电话的时候也是笑着的。"

的确,如果说行动比语言更具有力量,那么微笑就是无声的行动。它所表示的是:"我很满意你。"或"你使我快乐,我很高兴见到你。"笑容是结束说话的最佳"句号",这话真是不假。

微笑是表达真诚、表达善意的高难度社交技巧之一,是一种文明的表现,它显示出一种力量、涵养和暗示。一个刚刚学会微笑的中年领导干部说:

自从我开始坚持对同事微笑之后,起初大家非常惊讶,后来就是欣喜、赞许。两个月来,我得到的快乐比过去一年中得到的满足感与成就感还要多。现在,我已养成了微笑的习惯,而且我发现人人都对我微笑。过去冷若冰霜的人,现在也热情友好起来。上周单位搞民主评议,我几乎获得了全票,这是我参加工作这么多年来从未有过的大喜事!

有着微笑面孔的人,一定是一个真诚的人,总会有希望。

因为,一个人的笑容就是他好意的信使。他的笑容,可以照亮所有看到他的人。没有人喜欢帮助那些整天皱着眉头、愁容满面的人，更不会信任他们。

而对于那些受到上司、同事、客户或家庭的压力的人，一个笑容就能让他们觉得一切都是有希望的，世界是有欢乐的。用真诚的微笑去面对我们遇见的每个人、每件事吧！

只要你时时超越自我情绪的困惑，你就能保持轻松愉快的心境，你的面孔也会因此而涌起幸福的微笑，并感染他人。而且，他人的微笑又会反过来强化你的愉悦和微笑，形成你与他人之间人际关系的良性循环。这无疑会极大地促进你优美的个性和完美的形象，使你赢得更多人的支持和喜欢。

为人三会

——会说话 会办事 会做人

上架建议：经管励志

ISBN 978-7-5139-2509-9

定价：59.80元

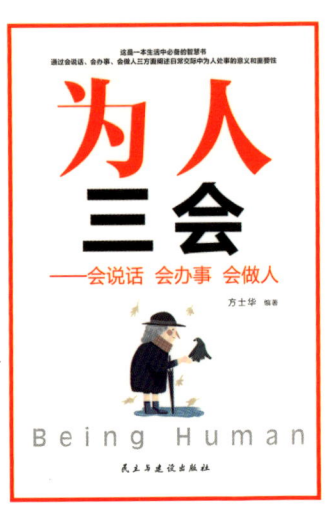

出 版 人：李声笑

责任编辑：刘树民

装帧设计：三石工作室